Christian Probst und Günter Kusch (Hrsg.)

Wege zum Heiligen

Christian Probst
Günter Kusch (Hrsg.)

Wege zum Heiligen

Eine Reise durch die Pilgerpsalmen

Brendow
VERLAG + MEDIEN

Bibliografische Information der Deutschen Nationalbibliothek
Die Deutsche Nationalbibliothek verzeichnet diese Publikation in der Deutschen Nationalbibliografie; detaillierte bibliografische Daten sind im Internet über http://dnb.d-nb.de abrufbar.

ISBN 978-3-86506-377-9

Einbandgestaltung: Brendow Verlag, Moers
Titelgrafik: shutterstock
Satz: BrendowPrintMedien, Moers
Druck und Verarbeitung: CPI – Clausen & Bosse, Leck
Printed in Germany

www.brendow-verlag.de

Inhalt

Vorwort

„Alles muss immer besser, größer, höher, schneller und weiter sein", so brachte es ein Jugendlicher neulich auf den Punkt. Er war als Gesprächspartner bei einer Fernsehsendung zum Thema „Burn-out" eingeladen und sollte das Lebensgefühl der Menschen in seinem Umfeld beschreiben. Der 18-Jährige erzählte vom Bildungs- und Freizeitstress, der vielen immer mehr zu schaffen macht und bereits jungen Menschen mitunter „den Atem raubt".

Immer besser, schneller und umfangreicher soll sie sein, die Vorbereitung aufs Leben. Das erfahren in unserer Gesellschaft bereits die Kleinsten. Zwei- bis Vierjährige werden mit Englisch-Kursen für spätere Herausforderungen getrimmt. Eltern von Kindergartenkindern brauchen einen Zweitkalender, um die zahlreichen Wochentermine ihrer Sprösslinge einzutragen: von musikalischer Früherziehung über Kurse wie „Kids-Sport" oder „Tanzgarten" bis hin zu vorschulischen Vorsichtsmaßnahmen wie „Kinderleicht zählen lernen" oder „Spielerisch schreiben". Für banale Treffen mit Freunden auf dem Spielplatz oder für etwas Malen am Wohnzimmertisch bleibt da mitunter kaum mehr Zeit.

Immer besser, schneller und weiter, so lautet das Motto auch bei Jugendlichen und Erwachsenen. Um einen Ausbildungsplatz zu bekommen, sollte man schon einige Erfahrungen bei verschiedenen Ferienjobs oder Betriebspraktika gesammelt haben. Bei der Bewerbung für eine Ausbildung oder ein Studium sind auch oft schon Auslandserfahrungen gefragt. Und: Nur wer bereit ist, für eine Stelle den Wohnort zu verlassen, hat gute Chancen, Karriere zu machen.

Kein Wunder, dass dabei so mancher auf der Strecke bleibt, weil er mit seinem Leben nicht mehr nachkommt. Ratgeber in Sachen Zeitmanagement füllen die Bücherregale. Seminare zum Thema sind rasch überfüllt. Manager und Verantwortliche in großen Firmen wechseln die Seite und helfen eine Zeit lang bei der Bahnhofsmission oder bei anderen diakonischen Einrichtungen aus. Andere suchen den Kick der Extremsportarten – vielleicht auch auf der Suche nach dem, was Leben wirklich heißt? Manche begeben sich auf eine Pilgerreise, um abzuschalten und den unliebsamen Alltag „einen guten Mann sein zu lassen".

Jährlich sind etwa 40 Millionen Wallfahrer zu christlichen Pilgerorten unterwegs, so ist es in aktuellen Untersuchungen nachzulesen. Die Motive sind oft ähnlich: Die Pilger suchen nach Ruhe und Stille, nach Orten des Nachdenkens und der Besinnung. Sie wollen Kraft für den Alltag schöpfen oder aber ihren Glauben und ihre „Beziehung zu Gott" erneuern oder stärken. Schon in der Bibel sind derartige Pilgerreisen fest verankert. So war jeder Jude verpflichtet, an drei Wallfahrtsfesten im Tempel von Jerusalem teilzunehmen (Exodus 34,23). Als erste namentlich bekannte Pilgerin gilt Kaiserin Helena. Sie unternahm im vierten Jahrhundert einen Abstecher nach Jerusalem, um die Stadt zu sehen, in der Jesus gelebt und gewirkt hatte. Neben Jerusalem zählen heute auch Rom mit den Gräbern der Apostel Petrus und Paulus, das spanische Santiago de Compostela, Lourdes, Fatima oder Taizé zu den beliebtesten Zielen der Sinn- und Lebens-Pilger.

Auf der einen Seite der Anspruch, immer besser, schneller und erfolgreicher zu sein. Auf der anderen Seite der Wunsch nach Entschleunigung, Erfahrungen der Stille. Die Suche nach sich selbst, nach dem Sinn des Lebens, nach Heil und dem barmherzigen Gott, der eben nicht nach Leistung fragt.

Im Prinzip handelt es sich bei beiden Erscheinungen um zwei Seiten einer Medaille. Es ist ja nicht verwerflich, wenn Menschen versuchen, sich auf die Zukunft vorzubereiten oder das Beste aus ihrem Leben „herauszuholen". Problematisch wird es jedoch, wenn dabei die natürlichen Gegebenheiten des Menschseins außer Acht gelassen und übersehen werden, sprich: Unzulänglichkeiten, Schwächen oder auch das Bedürfnis nach Ruhe, Entspannung und Wiederauftanken.

Meine These lautet deshalb: Nur wer seine Körperlichkeit, seine Ganzheitlichkeit in den Blick nimmt und damit zu leben lernt, wird auch seine Begabungen besser nutzen und diese für den Dienst am Nächsten einsetzen können.

Angst und Aggression, Krankheit und Leid, Gefahr und Not – gerade die Psalmen im Alten Testament nehmen die Ganzheitlichkeit des Lebens in den Blick. Die Psalmen gelten nicht nur als das Gebetsbuch des Volkes Israel, auch Jesus hat diese Texte gebetet und häufig auswendig zitiert. Wer im Buch der Psalmen schmökert, spürt, dass hier das Menschsein in seiner ganzen Fülle zu Wort kommt, dass man sich hier wiederfinden und Hilfe für den Alltag erhalten kann. Kein Wunder, dass gerade die Psalmen 120 bis 134 für Reisende aller Art zum selbstverständlichen Reisegepäck zählten.

„Wallfahrtspsalmen" hat man sie genannt, aber auch „Lieder der Aufstiege", wie es eigentlich in der hebräischen Sprache heißt. Aber auch die Überschriften „Stufenlieder", „Lieder

der Erhebung“ und „Heimkehrlieder“ sind zu finden. Dahinter steht der Gedanke, dass es sich um Pilgerlieder handelt, die bei großen Wanderungen, zum Beispiel zu den Wallfahrtsfesten des Volkes Israels, gesungen und gebetet wurden. Man hatte diese 15 „Songs“ immer dabei, um fröhlich seinen Weg zu gehen. Näheres zur Bedeutung des Verbes „alah“ (hinaufsteigen, hinabsteigen, pilgern, wallfahren), das diese Psalmen kennzeichnet, kann man beispielsweise in dem Buch von Klaus Seybold nachlesen [1].

In diesem Buch machen sich 16 Autorinnen und Autoren auf einen persönlichen Weg mit den Wallfahrtspsalmen der Bibel. Sie lassen sich inspirieren von den Texten, nehmen ihre eigenen Erfahrungen mit hinein und damit ihr Leben ins Gebet. Zahlreiche Gedanken, Wünsche und Visionen, vielfältige Erlebnisse – von der lähmenden Depression bis hin zur befreienden und heilenden Gotteserfahrung – sind hier versammelt und sollen die Leser ermutigen, eigene Schritte im Umgang mit dem Glauben und in der Beziehung zu Gott zu wagen.

Danken möchte ich an dieser Stelle Pfarrer Christian Probst, der die Initialzündung zu dem Projekt „Wege zum Heiligen“ gab. Er hat die gar nicht so altertümlichen Texte in ein modernes Klanggewand gekleidet. Die CD dazu kann über das Internet bestellt werden (Infos auf www.ways-music.de). Bei mehreren Auftritten einer Band, eines Chores und verschiedener Sprecher wird das Projekt einem größeren Publikum vorgestellt werden. Gerade die Verbindung von Text und Musik kann neue Horizonte, ja heilige Momente eröffnen und damit neue Zugänge zum Leben, mit allen seinen Rundungen, Ecken und Kanten. Danken möchte ich auch Susanne Hübscher vom Brendow Verlag in Moers, die mit ihren Vorschlägen und Tipps die Vielzahl der Texte in eine gute Form brachte. So bleibt mir zu Beginn Ihres Weges mit diesem Buch der Wunsch, dass Sie sich im buchstäblichen Sinne „viel-seitig" inspirieren lassen:

- von dem lebendigen und vielgestalteten „Ich" und „Wir", das da in den Psalmen seinem Gott antwortet,[2]
- von den authentischen Lebensentwürfen, mit all ihren Freuden und Sorgen, die sich darin abbilden,
- von dem Lebenswissen und der Lebenskunst, die sich darin spiegeln,
- von den Hoffnungen auf Glück und der Sehnsucht nach Geborgenheit und Schutz, die in bunten Bildern auftauchen,
- und von der Kraft der Veränderung, die durchaus ansteckend wirken kann.

Interessant ist ja, dass die Vision vom Zion als Ort und Quelle des Segens, in Psalm 126, Vers 1, vorerst nur als „Traum" erkennbar ist. Noch sieht die Realität anders aus, noch gibt es die Fülle des Heils nur als Fragment. Doch diese Träume sind eben gerade keine „Schäume", wie uns ein bekanntes Sprichwort glauben machen möchte. Die Zionpilger lassen sich von diesen visionären Träumen in Bewegung bringen und leben von ihnen. Schließlich galt der Traum in der alten Welt als Medium der Offenbarung und insofern als „eine von den Göttern ermöglichte (Vorweg-)Schau der Zukunft".[3]

Ich würde mich freuen, wenn durch dieses Buch und die dazugehörige CD „gottgegebene Träume" ermöglicht werden – also Träume, die sich mit der Gegenwart nicht einfach zufrieden geben, sondern Hoffnung schenken, den Alltag auch zu verändern.

Eine gute Reise in diesem Sinne wünscht Ihnen

Günter Kusch

Günter Kusch, Jahrgang 1964, ist evangelischer Theologe und Redakteur. Er ist im Evangelisch-Lutherischen Dekanat Fürth als theologischer Mitarbeiter des Bildungswerkes tätig.

Einleitung

Unser Leben ist wie eine Pilgerreise.
Wir sehnen uns nach etwas Heiligem,
das uns innerlich und äußerlich
zu heilvollen, segensreichen
Wegen führt.

Christian Probst

Wanderer brauchen eine gehörige Portion Mut. Die Taschen sind gepackt und stehen bereit. Die Ausrüstung ist auf das Nötigste beschränkt. Ein paar Kleidungsstücke und etwas Proviant müssen erst einmal reichen. Hauptsache, der Trinkschlauch wurde mit genügend Trinkwasser gefüllt.

Wer die Reise zu Fuß bestreiten will, ohne technische Erleichterungen, nur mit Wanderstecken und dem allernötigsten Gepäck, spürt von Anfang an eine Spannung, die nicht alleine von den Trageriemen der Taschen auf den Schultern ausgeht. Wanderer dürfen sich nicht einschüchtern lassen von unangenehmem Wetter, mühsamen Berganstiegen oder von Räubern und Wegelagerern.

Oft steht ein Geistesblitz am Anfang einer Wanderschaft: „Die Zeit ist reif." Das Fernweh treibt Menschen zum Ausgang ihrer vier Wände. Die Tür fällt ins Schloss. Der Schlüssel wird im Schlüsselloch umgedreht. Und dann kann es endlich losgehen. Alter Ballast bleibt zu Hause. Nur das Nötigste darf mit. Bei einer Pilgerreise auf neuen Wegen kann man endlich abschalten und freie Gedanken fassen, die dem Leben etwas Heilvolles einhauchen.

Schon Jahrhunderte vor unserer Zeitrechnung machten sich Pilger auf die Reise zu heiligen Orten wie dem Tempel in Jerusalem. Tage- und wochenlang gingen sie zu Fuß, mit dem Ziel, an diesem heiligen Ort Gott anzubeten. Dort angekommen, dankten sie Gott für ein gutes Geschick, wie zum Beispiel der israelitische Stammvater Jakob. Nachdem er an der Furt des Flusses Jabbok den Kampf mit einem mysteriösen Unbekannten gewann, versöhnte er sich mit seinem verfeindeten Zwillingsbruder Esau. Aus Dankbarkeit baute er Gott in Bethel einen Altar (1. Mose 35).

Andere pilgerten zu heiligen Orten, um Gott wegen eines schweren Schicksals um Hilfe anzuflehen. Hanna zum Beispiel beklagte dort ihre Kinderlosigkeit. Sie war eine von zwei Frauen des Leviten Elkana. Jahr für Jahr zog die Familie nach Silo. Dort betete Hanna zu Gott und klagte ihm ihr Leid (1. Samuel 1).

Am Heiligtum in Jerusalem wurden jedes Jahr große Feste, wie das Laubhüttenfest oder das Passafest, gefeiert. Kilometerlang wanderten die Menschen ohne Landkarte, mit bescheidenem Schuhwerk, auf Wegen unterschiedlicher Beschaffenheit. Sie suchten auf ihnen nach dem Heiligen, das ihre inneren Fragen und Sehnsüchte stillen würde.

Die Wege des Lebens können unergründlich sein. Das wird einem nicht nur bewusst, wenn man wie ein Pilger zu Fuß zu einer längeren Reise aufbricht. Auch auf unseren alltäglichen Wegen stoßen wir immer wieder auf Spannungen und Herausforderungen. Auf ihrer Lebensreise ziehen manche beruflich bedingt von einem Ort zum andern und fangen neu an. Andere müssen sich neu orientieren, weil frühere Strecken nicht mehr begehbar sind. Ein Traum endet in einer Sackgasse.

Oder gemeinsame Wege gabeln sich plötzlich in verschiedene Richtungen: Ehepaare lassen sich scheiden. Kinder werden erwachsen und bauen sich ihre eigene Existenz auf. Lange Wegbegleiter segnen das Zeitliche. Wege führen zusammen oder auseinander. Erst wenn wir die verschiedenen Abschnitte des Lebens selbst beschreiten, erkennen wir, wo sie hinführen. Dann führen sie nicht „irgendwo durchs Nirgendwo", fern und unerreichbar in eine ungewisse Zukunft. Sondern sie werden spürbar, erlebbar, lebendig. Franz Kafka bringt das in seinem bekannten Zitat auf den Punkt: „Wege entstehen dadurch, dass man sie geht."

Vielleicht erfreut sich das Wandern auf Pilgerwegen in den letzten Jahren gerade deswegen so großer Beliebtheit, weil man dabei selbst den Boden unter den Füßen spüren kann. Ohne einfach über bestimmte Wegetappen hinwegzufahren oder -zufliegen, muss man dort Wege vom Anfang bis zum Ende gehen.

Die Suche nach sich selbst verbindet sich während des Laufens mit dem Streben nach etwas Höherem. Einen Pilgerweg beschreitet man oft mit der großen Hoffnung, neue Bilder in sich aufzusaugen, mit denen man den eigenen Horizont erweitern kann. Wir sehnen uns nach Erfahrungen, die uns innerlich oder äußerlich frei werden lassen. Beim Wandern können wir endlich einmal in Ruhe nachdenken oder uns auf unsere Schritte konzentrieren. Einen Fuß vor den anderen zu setzen hat besonders für alltägliche „Büro-Hocker" oder „Gremien-Hüpfer" eine befreiende Wirkung.

Viele sehnen sich danach, über den eigenen Schatten zu springen. Andere würden gerne die Zeit langsamer laufen lassen oder begeben sich auf die Reise, um auf die großen Fragen des Lebens eine Antwort zu finden. Wir suchen nach einer Macht, die uns auf allen Wegen begleitet. Wir würden gerne mit ihr Kontakt aufnehmen und versprechen uns davon heilvolle Erlebnisse.

Wir sehnen uns nach dem heiligen Gott, hinterfragen aber gleichzeitig seine Existenz, besonders wenn wir auf unserer Lebensreise zerbrochenen Menschen begegnen, die harte Wegstrecken zurücklegen müssen. Wir sehnen uns nach beständigen Werten, die unsere Gesellschaft prägen und unser Leben wertvoll und gleichberechtigt neben anderen stehen lassen.

Die Sehnsucht nach Anerkennung der eigenen Person bzw. allgemeiner Werte verbinden wir hoffnungsvoll mit etwas, das unsere Gedanken übersteigt, aber das uns mit einem Gefühl erfüllt, etwas „Heiligem" begegnet zu sein.

Der Soziologe Hans Joas führt die Entwicklung der Menschenrechte auf eine persönlich gelebte Heiligkeit (Sakralität) zurück. Menschen hätten durch das Zusammenleben entdeckt, dass jedes einzelne Individuum als heilig erachtet werden müsse.[4] Auch heute könne der Mensch uns wieder „heilig" werden, wenn uns seine Würde in einem heiligenden Prozess, einem „Sakralisierungsprozess", wieder neu bewusst würde. Ich möchte diesen Ansatz weiterführen und behaupte: Alle Wege des Lebens bieten Anknüpfungspunkte zum Heiligen. Wenn wir uns danach sehnen, stellen sich unsere Antennen auf, und wir bereiten uns darauf vor, Erfahrungen zu machen, die unser eigenes „Ich" transzendieren. Das kann ein Sonnenuntergang mit einem überwältigenden Farbenspiel sein. Ein Konzert mit einem riesigen Orchester; der Moment, in dem man nach langen Jahren einer alten Freundin begegnet; oder wenn jemand sich im Fußballstadion rechtzeitig in eine La-Ola-Welle einreiht und danach staunt, wie die Welle auf andere überschwappt. Ein „heiliges Erlebnis" entsteht sicher auch, wenn Menschen ihre Rechte praktizieren können und den Wert von anderen Lebewesen achten. Aber es wirkt nicht nur nach außen, sondern berührt uns ebenso in unserem Innersten. Es führt den Reisenden weiter, gibt ihm Orientierung und eröffnet vorher unbekannte Wege. Solche Erlebnisse können sogar die Grenze von Intelligenz überschreiten, reichen über unseren Verstand hinaus und können uns in Kontakt bringen mit dem heiligen Gott als einem persönlichen Gegenüber.

Unser ganzes Leben bereisen wir ähnlich wie Pilger ihren Weg zu einem Heiligtum. Voller Sehnsucht, unsere Sinne zu erweitern. Mit den großen Fragen des Lebens im Gepäck. Spiritualität, göttliche Gegenwart zählen zu den großen menschlichen Ursehnsüchten. Auf unseren Wegen stellen wir immer wieder fest, dass es Dinge zwischen Himmel und Erde gibt, die weder ein tiefgründiger Verstand noch die schärfsten Sinne erfassen können. Die drei großen Weltreligionen haben bis heute heilige Orte, zu denen Menschen in Scharen reisen. Jerusalem hebt sich als besonders faszinierende Stadt sicher hervor. Mich beeindrucken aber auch die Bilder von der sogenannten Hadsch, der muslimischen Pilgerreise nach Mekka, die jedes Jahr bombastischere Ausmaße anzunehmen scheint. Auch klassische christliche Pilgerstätten, wie Rom und Santiago de Compostela, erfreuen sich weiterhin außerordentlich großer Beliebtheit. Das Pilgern auf dem Jakobsweg ist im 21. Jahrhundert wieder zu einer Massenbewegung geworden.

Die Sehnsucht nach etwas Heiligem muss man jedoch nicht auf bestimmte Orte begrenzen. Das ganze Leben ist von ihr geprägt, sei es nun bewusst oder eher unbewusst. Jeden Tag setzen wir unsere Füße auf Wege. Jeden Tag wünschen wir uns Erfahrungen, die unser Leben mit etwas Heiligem bereichern. In diesem Buch soll es nicht um einen bestimmten Pilgerweg zu einem hervorragenden Heiligtum gehen.

Die sechzehn Autoren dieses Buches nehmen die sogenannten „Wallfahrtspsalmen" (Ps. 120-134) des Ersten Testamentes zur Hilfe, um sich auf die Spur von etwas Heiligem zu machen, das unser Leben auf allen Wegen begleitet. Die Psalmen wurden wahrscheinlich früher tatsächlich auf den Pilgerwegen nach Jerusalem gesungen. Durch ihre Kürze und einen volksnahen „Touch" kann man sich sogar vorstellen, dass sie von den Pilgern wie ein kleines Gebetbüchlein mitgeführt wurden.[5] Die fünfzehn Psalmen passten gerade auf eine kleine Papyrusrolle und somit gut ins Handgepäck.

Seit meinem ersten theologischen Examen haben mich diese Psalmen nicht mehr losgelassen. Ich wollte sie unbedingt gedanklich und musikalisch zum Klingen bringen.[6] In ihnen stecken die unterschiedlichsten Themen, die man mit Lebenswegen verbindet. Sie stellen durch ihr gottesfürchtiges Lob und ihr tiefgründiges Ringen und Klagen Verbindung zu dem Heiligen Gott „JHWH" her. Diese Psalmen bringen unsere Gedanken auf eine Spur, die uns auf der Pilgerreise des Lebens die Lichtstrahlen des Heiligen in und um uns entdecken lässt.

Christian Probst, Jahrgang 1973, ist evangelischer Theologe und Musiker. Er hat schon bei diversen Musikprojekten mitgewirkt und komponiert Lieder, die auch bei Gottesdiensten, Band- und Chorkonzerten eingesetzt werden. Derzeit arbeitet er als Pfarrer in Fürth-Burgfarrnbach.

Sehnsucht

Psalm 120

1 Zu Gott in solcher mir gewordenen Not habe ich schon gerufen und Er antwortete mir.

2 Gott rette meine Seele von Lügen-Lippe, von trügerischer Zunge.

3 Was gibt es dir, was mehrt es dir, trügerische Zunge!

4 Eines Mächtigen Pfeile sind schon geschärft, nebst immer glimmenden Kohlen.

5 Erwünschter wäre es mir, ich hätte unter Meschech geweilt, hätte gewohnt bei Kedars Zelten.

6 Übersatt hat sich meine Seele gewohnt bei Hassern des Friedens.

7 Ich bin Friede, auch wenn ich rede. Sie sind des Krieges.

(Übersetzung nach Rabbi Samson Raphael Hirsch)[7]

Charlotte Knobloch

„Zu Gott rief ich in meiner Angst, und er erhörte mich." Mit diesen Worten beginnt der Psalm 120. In diesem ersten Satz, wie im Übrigen an diversen weiteren Stellen in der Tora oder den jüdischen Gebeten, kommt die Idee zum Ausdruck, dass wir Menschen uns in jeder Lebenslage der göttlichen Präsenz bewusst sein können. Nicht nur in der Not dürfen wir auf „Haschem"[8] vertrauen, sondern insbesondere in Momenten der Verzweiflung, der Furcht oder gar der Hoffnungslosigkeit finden wir Trost und Zuversicht in dem festen Wissen, in Gottes Hand zu sein, uns auf IHN verlassen zu können.

Der Ausdruck „sich auf jemanden verlassen" verdient eine exakte Betrachtung. Inflationär „verlassen" wir uns heutzutage auf Personen, Institutionen oder die Technik. Beim Worte genommen, ist jene Wendung jedoch von existenzieller Aussage.

Wir „verlassen“ uns, gehen also aus uns heraus, geben unsere Autonomie, unsere Selbstbestimmung und unsere Eigenverantwortlichkeit auf, und übergeben diese an jemand oder etwas außerhalb unseres Macht- und Einflussbereiches.

In sehr jungen Jahren musste ich lernen, dass Vertrauen sehr gefährlich, ja tödlich sein kann. Mein kindliches Urvertrauen musste ich mir also sehr früh abgewöhnen und stattdessen lernen, Vorsicht, Skepsis und grundsätzliches Misstrauen als Lebensversicherung anzuerkennen. Diese frühkindliche Prägung habe ich bis heute nicht vollständig ablegen können. Bis heute überkommen mich bisweilen Zweifel, ich könnte vorschnell vertraut haben, könnte mich leichtfertig verlassen haben. Die Sehnsucht nach Wahrhaftigkeit, Ehrlichkeit, Loyalität und Integrität – eben nach Vertrauenswürdigkeit – trägt wohl jeder Mensch in seinem Herzen. Wer sehnt sich nicht nach jener Geborgenheit, wie zu viele Menschen auf dieser Welt sie zuletzt im Mutterleib verspürten?

Psalm 120 bildet den Auftakt der sogenannten Stufenpsalmen, die von den Leviten zur Zeit der Existenz des Tempels beim Betreten des Tempelbezirks auf den 15 Stufen zur Tempelvorhalle gesungen wurden. Dieser Psalm soll den zum Tempel als Herzstück des Judentums pilgernden Menschen ermutigen, sich dem Sog des Aufwärtsstrebens auszusetzen. Rabbiner Samson Raphael Hirsch umschrieb diesen Zustand als „die darin sich offenbarende Gotteswirkung schauen und sie zum Ausdruck bringen“. Die 15 Psalmen werden „Schirej hama'alot“, „Stufenlieder“, genannt, wobei der Begriff „Schir“ im Hebräischen als „ein Gott schauendes Lied“ definiert wird.

Die Stufenpsalmen bilden eine Stufenleiter, welche Israel seine Aufgabe vergegenwärtigt: ein Licht für die Völker zu sein. Als Juden sind wir der Tora, den göttlichen Geboten, verpflichtet. Diese Verpflichtung lässt Israel mitunter auch alleine dastehen und führt es zur Besinnung auf die Tatsache, dass alleine Gott es ist, der sein Volk führt. Gott führte das Volk Israel aus Ägypten ins Heilige Land. Die Sehnsucht jener Jahre der Wanderung durch die Wüste, die Sehnsucht nach Heimat und die Hoffnung auf Heimkehr sind zentrale Motive der jüdischen Religion.

Gott spricht zu Israel: „Rette meine Seele von Lügen-Lippe, von trügerischer Zunge" (Psalm 120,2). In diesem Psalm lernen wir also auch die Auswirkungen lügenhaften Redens: Die Lippe als Rand des Sprachorgans, umfasst, so interpretiert Rabbiner Hirsch, das ganze Sprachvermögen. Die Zunge hingegen gestaltet das einzelne Wort. Das ganze Sprachvermögen steht im Dienst der Lüge, die in ihrer Rede „nicht zum Ausdruck der Wahrheit der Dinge und der Gedanken und der Gesinnungen", sondern „zu deren Verschleierung dient".[9]

Jedes gesprochene Wort dient der Täuschung. Hirsch geht der Frage nach, was mit dieser Täuschung erreicht wird. Er kommt zu dem Schluss, dass damit nichts erreicht wird, im Gegenteil: Das Bestehende erhält keine dauernde Förderung. Dies gilt insbesondere hinsichtlich der zum Frieden führenden Absichten.

Im Herbst feiern wir Juden im Gedenken an den Auszug aus Ägypten Sukkot – das Laubhüttenfest. Gläubige Juden leben, speisen, schlafen und empfangen ihre Gäste eine Woche lang in Hütten unter freiem Himmel. Ein nicht blickdichtes Dach, das mit Zweigen oder Palmwedeln gedeckt ist, lässt tagsüber die Sonnenstrahlen hindurch und eröffnet nachts den Blick in den weiten Sternenhimmel. Diese Tradition erinnert uns an die Wüstenwanderung nach dem Exodus, an die harte Zeit zwischen der ägyptischen Knechtschaft und der ersehnten Ankunft im „gelobten Land“.

Sukkot offenbart eindeutig das Motiv der Sehnsucht, bringt aber ebenso unmissverständlich das Bewusstsein zum Ausdruck: Gott beschützt sein Volk auch auf gefährlichen Wegen. Zugleich jedoch beinhaltet das Laubhüttenfest die klare Warnung, sich zu behaglich in vermeintlich geordneten Verhältnissen einzurichten, mit zu schwerem Gepäck unterwegs zu sein oder sich an Eigentümer zu klammern – sowie die Warnung davor, blind zu vertrauen, sich zu sehr zu verlassen. Denn jederzeit kann ganz plötzlich der Ruf ins Ungewisse ergehen. Menschliche Existenz ist immer unsicher.

Angesichts all jener latenten täglichen Unwägbarkeiten gibt es nur den einen sicheren Halt: Gott. Im letzten Monat des jüdischen Jahres bis zum letzten Tag von Sukkot wird Psalm 27 in das tägliche Gebet eingefügt, in dem es heißt: „Der Ewige ist mein Licht und meine Hilfe, vor wem sollte ich mich fürchten? Der Ewige ist meines Lebens Schutz, vor wem sollte ich Angst haben? Nähern sich mir Bösewichter, um mein Fleisch zu verzehren, meine Bedränger, die mir feindlich gesinnt sind, sie straucheln und fallen. Stellt sich ein Lager gegen mich, mein Herz fürchtet es nicht; erhebt sich ein Krieg gegen mich, trotz allem vertraue ich. [...] Denn Er bringt mich in Seine Hütte am Tag der Boshaftigkeit, birgt mich im Versteck Seines Zeltes, auf den Fels hebt Er mich. [...] Mein Vater und meine Mutter haben mich verlassen, doch der Ewige nimmt mich auf. Lehre mich, Ewiger, Deinen Weg, und führe mich auf den Pfad der Gradheit, wegen meiner Feinde. [...] Hoffe auf den Ewigen und ermutige Dein Herz und hoffe auf den Ewigen.“[10]

In der Kraft dieses Glaubens hat das jüdische Volk alle Katastrophen seiner Geschichte überlebt. Ein kleines, unscheinbares, ständig verfolgtes und gejagtes Volk, das über die Jahrtausende hinweg die Sehnsucht nach einer besseren, gerechten Welt wachgehalten hat. Die Sehnsucht nach dem Messias, dem von Gott gesandten Befreier.

„Nicht Gott entscheidet, wann der Messias kommt, sondern wir, die Menschen", schrieb einst der jüdische Gelehrte und Romancier Elie Wiesel. Der Hass der Wahrheit schließt den Hass des Friedens in sich: „Übersatt hat sich meine Seele gewohnt bei den Hassern des Friedens" (Psalm 120,6). Nur wenn alle Menschen – in der Übereinstimmung ihres Denkens, Wollens, Redens und Handelns mit dem Sein und Sollen der Verhältnisse – der Wahrheit huldigen, können die Menschen bei der Mannigfaltigkeit ihrer Eigenart in Frieden nebeneinanderbleiben und streben. Dann wird es uns ein Leichtes sein, uns auf unsere Nächsten zu verlassen, weil wir wissen, dass wir alle nur nach dem einen streben: Nach einem friedlichen Miteinander aller Menschen – ohne Ansehen von Religion, Hautfarbe, Kultur oder sonstigen künstlichen Grenzen.

In Wahrheit findet jeder den Raum und die Grenze seiner Berechtigung. Die Lüge, so Hirsch, entzieht allen und allem den Boden. Dieser Psalm kann somit als ein durchaus aktuelles Manifest für den Frieden und gegen die Lüge gesehen werden.

Unter Gottes Obhut hatte mein Vater seligen Angedenkens die Kraft, den richtigen Menschen zu vertrauen, mich den richtigen Menschen anzuvertrauen. Menschen, die ihr eigenes Leben und das ihrer Liebsten riskierten, um mich zu retten durch die vielleicht dunkelste Zeit, die diese Welt je sah. So lernte ich auch, dass man sich im Laufe des Lebens bisweilen auch verlassen können muss.

Des Menschen Bestimmung ist es schließlich, gemeinsam mit Menschen zu leben. Wer auf Gott vertraut, und das tue ich, wer sich auf ihn verlässt – aber ohne dabei sein Leben aus der Hand zu geben –, der hat allen Grund, weniger sehnsüchtig als vielmehr mit Freude und Hoffnung in die Zukunft zu blicken.

Charlotte Knobloch, ehemalige Präsidentin des Zentralrats der Juden in Deutschland, ist Präsidentin der Israelitischen Kultusgemeinde München/Oberbayern.

Angst

Psalm 121
1 Ich hebe meine Augen auf zu den Bergen. Woher kommt mir
Hilfe?
2 Meine Hilfe kommt vom Herrn, der Himmel und Erde gemacht
hat.
3 Er wird deinen Fuß nicht gleiten lassen, und der dich behütet,
schläft nicht.
4 Siehe, der Hüter Israels schläft und schlummert nicht.
5 Der Herr behütet dich; der Herr ist dein Schatten über deiner
rechten Hand,
6 dass dich des Tages die Sonne nicht steche noch der Mond des
Nachts.
7 Der Herr behüte dich vor allem Übel, er behüte deine Seele.
8 Der Herr behüte deinen Ausgang und Eingang von nun an bis in
Ewigkeit!
(Luther 1984)

Andi Weiss

„Help, I need somebody" – „Hilfe, ich brauche jemanden" – heißt es in einem alten Song der Beatles. Ich kenne die Momente, die Stunden und Tage, an denen ich meiner Umwelt, meinem Leben, meinen Mitmenschen, ja auch mir selbst, schonungslos ausgeliefert bin. Ich suche nach Hilfe, nach einem Ort, der schützt, nach „jemandem", der mir hilft.

Dieser „alte Song" ist auch ein altes Lied der Menschheit. Ich weiß, es geht nicht nur mir so. Seit Jahrtausenden plagen sich Menschen mit dem Leben. Die Psalmen finden wunderbare Worte für die Höhen und Tiefen des Lebens. Hier der Jubel über Gottes Schöpfung – und dort der verzweifelte Schrei in der Not: „Ich hebe meine Augen auf zu den Bergen. Woher kommt mir Hilfe?“

Diese Worte sprachen die Wallfahrer, die nach dem Besuch des Tempels in Jerusalem am Stadttor standen, den Blick in die Heimat gerichtet, die Berge um Jerusalem vor Augen. In ihrem Herzen hatten sie die Gewissheit: Mein Lebensalltag, auch mein Glaubensalltag findet nicht im Tempel, nicht in der Kirche statt. Nach der geistlichen Stärkung im Tempel gilt es nun, zurück in den Alltag zu gehen. Dort findet das Leben statt. Das machte sie auf der einen Seite hoffnungsvoll, auf der anderen Seite aber warteten auch einige Bedrohungen auf sie.

Ungewissheit lässt Menschen unsicher werden. Das macht Angst. Auf dem Weg zurück lauern Gefahren! Damals wie heute – auch wenn die wilden Tiere auf dem Weg zwischen Kirche und Zuhause deutlich seltener geworden sind. Es sind auch nicht nur äußerliche Gefahren, die Leib und Leben bedrohen. Es ist die zarte Flamme des Glaubens, die in die Woche hinübergerettet werden will. Es ist das Heilige, das unfassbar Vollkommene, das nun Einzug in unsere unvollkommene Welt halten soll. Die Probleme der Menschen haben sich vielleicht geändert, die Angst der Menschen vor den Problemen allerdings nicht. Da kommt die Frage auf: „Woher kommt mir Hilfe? Wem kann ich mich anbefehlen?“

Und noch eines ist auch klar, die Beatles hatten recht: „Help, I need somebody – but not just anybody“, nicht jeder, nicht irgendjemand kann mir helfen. Nicht jede x-beliebige Person kann mich aus den Wirren des Lebens herausführen. Ich brauche jemanden, der mich versteht, der nachvollziehen kann, warum es mir gerade jetzt so geht, wie es mir geht. Oft merke ich, wenn ich in meinem Umfeld versuche, meine

Angst und meine Sorgen mit anderen zu teilen, dann glaubt man mir das nicht. Mir, dem Andi Weiss, der immer fröhlich und locker einen flotten Spruch auf Lager hat. Da frage ich mich selbst oft mit Dietrich Bonhoeffer: „Bin ich das wirklich, was andere von mir sagen? Oder bin ich nur das, was ich selbst von mir weiß? Unruhig, sehnsüchtig, krank, wie ein Vogel im Käfig ...?“[11]

Unsere Welt ist verschoben. Unser Wunsch ist es, „gesund“ zu sein. Und so kramen wir Erfolge heraus und polieren unsere Pokale. Wer bekommt denn schon einen Orden in seinem Alltag, im Beruf und auch in seiner Kirchengemeinde, wenn er laut zu seinen Fehlern und Schwächen steht? Da zählen wir doch lieber selbstbewusst unsere Errungenschaften auf: „Mein Haus, mein Auto, mein Garten ...“ Was würde denn passieren, wenn wir, anstatt ausschließlich von unserem Vermögen, unseren Siegen und Glücksmomenten zu reden, das Spiel einmal umdrehen und ehrlich erzählen würden, was uns belastet und bedrückt? Wie würden sich unsere Beziehungen verändern, wie gut könnten wir uns gegenseitig unterstützen, ermutigen und helfen, wenn wir anfangen würden, offen über unsere Berge zu sprechen: „Mein Watzmann, meine Zugspitze, mein Matterhorn ...“?

Und doch, so einfach geht das nicht. Wer Angst hat, für den ist seine Angst realistisch. Da helfen nicht allein gute Worte. Ein jüdisches Sprichwort sagt: „Schwerer, als Israel aus dem Exil zu holen, ist es, das Exil aus Israel zu holen.“ Ich spüre, diese Worte gelten auch mir.

Der österreichische Psychotherapeut Victor Frankl glaubte, dass die größte Angst des Menschen darin bestehe, sich letztendlich selbst überlassen zu sein. Und so fordert er: „Der

Patient soll lernen, der Angst ins Gesicht zu sehen, ja ihr ins Gesicht zu lachen."[12]

Doch wie geht das? Da haben sich Denkmuster eingeschlichen. Da weiß man – oder eher meint man zu wissen –, was man kann und was nicht. Da kommen schier unüberwindbare Aufgaben auf einen zu, man fühlt sich in die Ecke getrieben, die Hände werden feucht, und das Selbstbewusstsein ist maßlos überfordert.

Die meisten Psalmen, die wir kennen, sind Gebete, also Gespräche zwischen einem Menschen und Gott. Der Psalm 121 ist ein Gespräch zwischen zwei Menschen. Da wünscht der eine dem anderen für seine Reise Gottes Nähe und seinen Segen. Zu Beginn heißt es: „Ich hebe meine Augen auf zu den Bergen. Woher kommt mir Hilfe?" Und der andere antwortet erinnernd: „Meine Hilfe kommt vom Herrn, der Himmel und Erde gemacht hat!"

Als Christen befehlen wir Gott unser Leben in der Taufe an. Wir bitten Gott um seinen Schutz und um seine lebenslange Begleitung. Martin Luther schreibt in seinem kleinen Katechismus: „Ich glaube, dass ich nicht aus eigener Vernunft noch Kraft an Jesus Christus, meinen Herrn, glauben oder zu ihm kommen kann; sondern der Heilige Geist hat mich durch das Evangelium berufen, mit seinen Gaben erleuchtet, im rechten Glauben geheiligt und erhalten; gleichwie er die ganze Christenheit auf Erden beruft, sammelt, erleuchtet, heiligt und bei Jesus Christus erhält im rechten, einigen Glauben; in welcher Christenheit er mir und allen Gläubigen täglich alle Sünden reichlich vergibt ..."

Wir dürfen immer wieder zu Gott kommen, mit allen unseren Stärken und Schwächen, mit unserem Glauben und unseren Zweifeln. Wir dürfen uns Gott immer wieder anbefehlen. Manchmal ist das ein starkes: „Gott, dir befehle ich mich an!“, manchmal ein zögerndes: „Gott, du hilfst doch, oder?“

Ich habe in einer alten Taufliturgie aus Siebenbürgen ein besonderes Ritual gefunden, das in einfachen Worten unseren Glauben beschreibt. Da wird der Säugling dreimal mit folgenden Worten mit einem Kreuz gezeichnet: „Nimm hin das Zeichen des Heiligen Kreuzes an deiner Stirn, damit du Jesus Christus erkennst. Nimm hin das Zeichen des Heiligen Kreuzes an deinem Mund, damit du Jesus Christus bekennst. Nimm hin das Zeichen des Heiligen Kreuzes an deinem Herzen, damit Jesus Christus in deinem Herzen wohnt und du dir den Glauben an ihn bewahrst.“

Diese drei gezeichneten Kreuze symbolisieren in ganz einfacher Weise unseren Glauben: Das Erkennen, das Bekennen und das Bewahren. Ich möchte diese drei Punkte genauer durchdenken.

Erkennen

Kennen Sie Berge in Ihrem Leben? Berge, die uns Sorgen bereiten, sich hoch über uns auftürmen und uns die Lust am Leben nehmen? Vielleicht sind es die Papierberge auf Ihrem Schreibtisch? Eine ganze Woche haben Sie sich engagiert Ihrer To-do-Liste gewidmet, Aufträge abgearbeitet und sogar die Mittagspausen durchgeackert. Aber am Ende der Woche scheinen die Arbeitsberge noch genauso hoch zu sein wie zu Beginn. Oder sind es die Berge des Selbstzweifels? Auf der einen Seite steht die Aufgabe, auf der anderen stehen die Berge der Festlegung durch andere Menschen: „Das kannst du doch sowieso nicht! Dafür bist du viel zu jung ..., fehlt dir die richtige

Ausbildung ..., bist du zu dumm ..." usw. Oder sind es die Berge, die sich zwischen zwei Menschen schieben? Zwischen Ehepartner, zwischen Eltern und Kinder, zwischen Freunde oder Arbeitskollegen? Man hat aufgehört, miteinander zu reden, und irgendwann konnte man nicht mehr miteinander reden.

Wie sehen die Berge in Ihrem Leben aus? Und wie gehen Sie damit um? Wir legen ein Menschenleben bei der Taufe in Gottes Hände, weil wir wissen, dass wir sie brauchen. Woher kommt meine Hilfe? Meine Hilfe kommt vom Herrn. Dem fernen und doch so nahen Gott.

Mich faszinierten als Kind die uns unbekannten Bräuche und Riten, wenn wir als protestantische Kinder in katholische Schulgottesdienste gingen. Das Bekreuzigen mit Weihwasser und der Knicks beim Eintritt in die Kirche bewegten mein Kinderherz. Dieser würdevolle Umgang erzählte mir wortlos von der Heiligkeit dieses Ortes. Als ich dann eines Tages sah, wie auch der Bürgermeister unserer Stadt einen demütigen Knicks vor dem Altar machte, wusste ich: in diesem Haus musste eine ganz wichtige Person wohnen.

Ich kannte das Urvertrauen zu dieser unfassbaren Heiligkeit aus vielen Geschichten und Liedern. Ich fühlte mich tatsächlich geborgen und gut aufgehoben in den großen Armen dessen, der die Welt in seinen Händen hält. Diese mir in Kindertagen geschenkten und tief verwurzelten Bilder habe ich mit durch die Wirren meines Lebens genommen. In Stürmen und vor großen, Angst einflößenden Bergen wusste ich: „Der Wolken, Luft und Winden, gibt Wege, Lauf und Bahn. Der wird auch Wege finden, da dein Fuß gehen kann."

Ich teile die Erfahrung der alten und neuen Psalmsänger. Ich fühle mich mit denen verbunden, die dankbar auf die Rettungsaktionen vergangener Tage zurückblicken und so eine tiefe Glaubensgewissheit für das ungewisse Morgen entfalten. Und doch ertappe ich mich dabei, Gott zu instrumentalisieren. Ich würde so gerne über seine Allmacht verfügen und festlegen, wie und wo und wann er zu handeln hat. Dabei rauschen seine Botschaften an mir wie auf einer Datenautobahn vorbei, und ich bleibe blind für seine schöpferische Kraft in meinem Leben. Heiliges bleibt fern und ungreifbar. Nicht wie ein sanft bewahrtes, heiliges Geheimnis, ein gut behüteter Schatz des Glaubens – sondern mehr wie ein unausgepacktes Geschenk, lieblos unterm Tannenbaum vergessen.

Mir geht es wie dem frommen Mann, der in einem Sumpf zu versinken droht. Aus tiefstem Herzen ruft er zu Gott: „Herr, hilf mir! Errette mich! Zieh mich aus dem Sumpf!“ Da kommt ein Feuerwehrwagen vorbeigefahren. Ein Feuerwehrmann bietet ihm seine Hilfe an, doch der Mann winkt dankend ab: „Nein, nein! Gott wird mir da schon heraushelfen!“ Die Feuerwehr fährt weiter, und der Mann beginnt wieder zu beten. Doch statt einer himmlischen Rettungsaktion versinkt er nur immer tiefer in dem Sumpf. Als er schon bis zum Bauch im Matsch steht, kommt erneut die Feuerwehr vorbeigefahren und bietet ihm an, ihn aus dem Schlamm zu ziehen. Wieder bedankt er sich für die angebotene Hilfe, verweist aber auf seinen himmlischen Vater, der ihm wohl schon noch rechtzeitig helfen wird. Wieder fährt die Feuerwehr weiter, wieder sinkt der Mann tiefer, und wieder geschieht nicht das erhoffte Wunder. Das Schauspiel wiederholt sich auch noch ein drittes Mal. Obwohl der fromme Mann nun schon bis zum Kinn im Sumpf versunken ist, nimmt er auch dieses Mal das Rettungsangebot nicht an. Und so ertrinkt der Mann und steht schon kurze Zeit später vor seinem Schöpfer. Wutentbrannt will er nun Gott zur Rechenschaft ziehen: „Wieso hast du mir nicht geholfen? Dreimal kam die Feuerwehr! Dreimal habe ich dich nicht verraten, wie Petrus damals deinen Sohn! Ich habe zu dir gehalten, habe meinen Glauben bekannt! Und du? Du hast mich sterben lassen!" Da antwortete Gott: „Mein lieber Sohn! Ich kann deinen Ärger nicht verstehen, ich habe dir dreimal die Feuerwehr vorbeigeschickt, und du hast dir nicht helfen lassen!"

Bekennen

Es gibt ganz unterschiedliche Formen, wie Menschen ihren Glauben bekennen. Laut und leise, mehr oder weniger echt, mit viel und wenig Leidenschaft, nachvollziehbar und abgehoben, mit weitem Herzen oder dränglerisch. Ich erinnere mich gerne an das Gespräch zweier Damen, das ich einmal während eines gemeinsamen Essens miterlebte.[13]

Neben mir saßen zwei Frauen, deren Alter ich nur schätzen kann. Die eine Frau, vielleicht fünfzig – sehr missionarisch, wie man schnell merkte – konfrontierte ihr kauendes Gegenüber, vielleicht achtzig Jahre alt, mit der Frage: „Wann haben Sie sich denn für den Herrn Jesus entschieden?" Das Kauen der alten Dame wurde plötzlich schneller, die Augen wurden größer, und die Stirn legte sich in Falten. Dann war die Frage wohl nicht richtig gestellt, dachte sich die Jüngere und wiederholte ihre Frage: „Wann haben Sie denn dem Herrn Jesus Ihr Leben übergeben?" Ich wusste nicht, dass das Kauen noch schneller gehen konnte, die Augen noch größer werden konnten und die Stirn noch eine Falte mehr vertrug. Irgendwann hatte die Frau den Bissen runtergeschluckt und meinte: „Entschieden? Leben übergeben? Ich wusste gar nicht, dass man sich dafür entscheiden muss!" „Nicht? Dann kommen Sie in die Hölle!", war die klare Antwort, und als die jüngere Frau sie dann zu diesem „Schritt" überreden wollte, fing die ältere Frau an zu erzählen. Nein, sie argumentierte nicht, stritt nicht, rechtfertigte oder verteidigte sich nicht. Sie zog keinen dicken dogmatischen Wälzer aus ihrer Handtasche und las daraus das Kapitel: „Warum ich so glaube, wie ich glaube" vor. Ganz anders. Sie erzählte.

Ihre Geschichte begann vor vielen Jahren, mitten im Leben. Normal und völlig gewöhnlich. Sie erzählte von ihrem Konfirmandenunterricht und von ihrem Pfarrer, der ihr beigebracht hatte, dass „glauben" nichts anderes als „mit Gottes Versprechen leben" heißt. Sie zitierte ihren Konfirmationsspruch aus Psalm 121: „... der dich behütet, schläft und schlummert nicht!" „Dieser Spruch", erzählte sie weiter, „hat mich ein ganzes Leben lang getragen." Und dann erzählte sie vom Krieg und den Bomben und den Sirenen, die nachts anfingen. Alle mussten in den Keller laufen und hatten große Angst. Wird unser Haus getroffen? Überleben wir die Nacht? Trotz dieser großen Angst wusste die Frau: „... der mich behütet, schläft und schlummert nicht". Dann erzählte sie von dem schrecklichen Autounfall, bei dem ihre Eltern umkamen. Beide an einem Tag. „Meine Eltern hatten mir so viel ermöglicht und gezeigt, wie man mit festen Schritten den Weg ins Leben findet. Und plötzlich waren sie weg – beide. Und ich stand am Grab und weinte. Ich habe mich so allein, so verlassen gefühlt. Aber eines wusste ich: Der mich behütet, schläft und schlummert nicht!" Sie lernte einen Mann kennen. „Ein toller Kerl! Er konnte Dinge, die ich nicht konnte, und ich konnte Dinge, die er nicht konnte! Es gab eine Zeit, da konnten wir uns gar nicht vorstellen, dass wir uns einmal nicht gekannt haben!“ Doch dann stirbt der Mann an einer schrecklichen Krankheit, und wieder ist die Frau auf sich allein gestellt. Ihr Sohn besucht sie kaum. Vor ein paar Monaten hat er seine Arbeitsstelle verloren. Sein Chef hatte ihn so oft abgemahnt und ihm den Rausschmiss angedroht, wenn er noch einmal betrunken zur Arbeit kommen würde. „Nur wenn er Geld braucht, dann taucht er auf!“ Resigniert schaute sie in die Ferne. „Und heute“, sagte sie tapfer, „heute habe ich einen müden Körper. Ich bin ganz ehrlich, ich merke, ich bin alt und einsam geworden. Manchmal liege ich auf meinem Bett und weine. Aber eines weiß ich mein ganzes Leben lang: Gott hat mir versprochen, mich immer zu begleiten! Denn der mich behütet, schläft nicht! Das steht fest!“

Am Ende dieser Erzählung ist es an unserem Tisch still geworden. Die alte Frau hat mit ihrer Geschichte, mit ihrem Leben, so manchen zum Schweigen, zum Nach-Denken gebracht – auch mich.

Dietrich Bonhoeffer schreibt: „Wenn man völlig darauf verzichtet hat, aus sich selbst etwas zu machen – sei es einen Heiligen oder einen bekehrten Sünder oder einen Kirchenmann, einen Gerechten oder Ungerechten, einen Kranken oder Gesunden – und dies nenne ich Diesseitigkeit, nämlich in der Fülle der Aufgaben, Fragen, Erfolge und Misserfolge, Erfahrungen und Ratlosigkeiten leben –, dann wirft man sich Gott ganz in die Arme, dann nimmt man nicht mehr die eigenen Leiden, sondern das Leiden Gottes in der Welt ernst, dann wacht man mit Christus in Gethsemane, und ich denke, das ist Glaube, das ist ‚Umkehr‘; und so wird man ein Mensch, ein Christ!“[14]

Mich bewegt dieser unerschütterliche Glaube der alten Dame. Das Vertrauen darauf, dass Gott es gut mit mir meint, auch wenn die Erlebnisse meines Lebens scheinbar dagegen sprechen. Gott ist für mich, auch wenn er – aus meiner Sicht – nicht alle meine Gebete erhört. Das ist auch mein Glaube, meine Gewissheit: „Der mich behütet, schläft und schlummert nicht." Ich erzähle diese Geschichte sehr gerne bei meinen Konzerten und singe dazu mein Lied „Glauben"[15].

Bewahren

In Psalm 121,7 heißt es: „Der Herr behüte dich vor allem Übel, er behüte deine Seele. Der Herr behüte deinen Ausgang und Eingang von nun an bis in Ewigkeit!" Diese Worte können sehr leicht missverstanden werden und zu Enttäuschungen führen. Was wünscht denn hier der eine Mensch dem anderen? „Der Herr behüte dich vor allem Übel?" Gerade ältere Menschen werden uns wohl Brief und Siegel darauf geben können, dass auch das Leben als Christ mit Übel und Schwierigkeiten geplagt sein kann. Aber was bedeutet es denn dann, „behütet" zu sein? Da kommt ein Kind aus einem „behüteten" Elternhaus, sagen wir und meinen Kinder, die bei verwandtschaftlichen Antrittsbesuchen Männchen machen, Pfote geben und alle Bundesländer und ihre Hauptstädte aufsagen können. Meint das der Psalm mit dem Wunsch „der Herr behüte dich"?

Es heißt weiter: „... er behüte deine Seele!". Martin Luther sagt in seiner Auslegung zu diesem Psalm: „Ob du ruhst oder tust, so ist der Herr gegenwärtig. Zu keiner Zeit also, an keinem Ort, vor keiner Person und keinem Dienst sollst du erschrecken und sorgen. Das heißt, den Sinn des ganzen Psalms in universaler Kürze zusammengezogen, als wollte er sagen: Ich bin der Schöpfer (des) Himmels und der Erde und darum auch der Hüter deines Leibes und deiner Seele Tag und Nacht und Vertreiber alles Unglücks. Das heißt den Glauben lehren, der nicht als eine kalte Qualität in der Seele liegt ..."[16]

Der Glaube ist keine „kalte Qualität" in unserer Seele. Ein schönes Bild, wie ich finde. „Da rührt sich was!", sagt man, um Lebendigkeit zu beschreiben. Keine starren Gesetze und vorgefertigten Lebensziele, sondern die individuelle Begleitung des Einzelnen. Keine oberflächlichen Beurteilungen, sondern der tiefe Blick ins Eigentliche.

Sorgen Sie sich um Ihre Seele? Ich meine, kümmern Sie sich um Ihr Innenleben? Der Psalm lädt uns ein, das Leben auszukosten, loszuziehen und unsere Umwelt zu entdecken. Wer den Sprung ins Leben wagt, wird feststellen, dass „das Leben zu leben" auch seinen Preis hat. Da werden sich am Ende unserer Lebensreise viele schöne Stunden, aber auch so manche dunklen Täler angesammelt haben. Erfolge wie Niederlagen. Tränen der Freude und der Trauer. Lach- und Sorgenfalten. Das Leben ist bunt, und derjenige wird es leben und lieben lernen, der sich mit ganzer Leidenschaft hineingibt. Auch auf die Gefahr hin, dass sich manche Entscheidung im Rückblick als falsch herausstellt.

Am Schluss heißt es aber dann: „Der Herr behüte deinen Eingang und Ausgang." Menschen sind sich meistens bewusst, dass ihr Leben einen Anfang und ein Ende hat. Aber da ist noch mehr: Christen sind sich bewusst, dass ihr Anfang und ihr Ende behütet und getragen ist. Und so mache ich mich erneut, wie zu Beginn, mit Dietrich Bonhoeffer auf die Suche: „Wer bin ich?" Ich fühle mich nicht nur durch seine Frage verstanden, auch entlasten mich seine ahnenden Gedanken: „Bin ich denn heute dieser und morgen ein andrer? Bin ich beides zugleich? Vor Menschen ein Heuchler und vor mir selbst ein verächtlich wehleidiger Schwächling?" Und so findet er eine Antwort, die unter Schmerzen ihre heilsame Kraft entfaltet: „Wer ich auch bin, du kennst mich, dein bin ich, o Gott!"

So bleibt für mich der Glaube ein leises „dem Vogel die Hand hinhalten", ein Gehörtwerden – dann, wenn ich mich selbst nicht mehr hören kann. Eine Hoffnung über alle Berge meines Lebens hinweg, ein ge-halt-volles Leben mit einem Gott, der sich mir in seiner Heiligkeit, unverfügbar, undefinierbar, unkalkulierbar und trotzdem unvorstellbar liebevoll in den Weg stellt, der „nicht schläft und nicht schlummert", sondern bei mir bleibt – vom Anfang an bis zu meinem Ende.

Andi Weiss, Diakon der evangelischen Paul-Gerhardt-Gemeinde in Laim, ist unterwegs als Liedermacher, Autor und Moderator.

Ziel

Psalm 122

1 Ich freute mich, als man mir sagte: „Zum Haus des Herrn wollen wir pilgern."
2 Schon stehen wir in deinen Toren, Jerusalem:
3 Jerusalem, du starke Stadt, dicht gebaut und fest gefügt.
4 Dorthin ziehen die Stämme hinauf, die Stämme des Herrn, wie es Israel geboten ist, den Namen des Herrn zu preisen.
5 Denn dort stehen Throne bereit für das Gericht, die Throne des Hauses David.
6 Erbittet für Jerusalem Frieden! Wer dich liebt, sei in dir geborgen.
7 Friede wohne in deinen Mauern, in deinen Häusern Geborgenheit.
8 Wegen meiner Brüder und Freunde will ich sagen: In dir sei Friede.
9 Wegen des Hauses des Herrn, unseres Gottes, will ich dir Glück erflehen.
(Einheitsübersetzung)

Bruder Paulus Terwitte

1 Ich freute mich, als man mir sagte:
„Zum Haus des Herrn wollen wir pilgern."

Vier Tage nach meiner Geburt. Ob ich mich damals gefreut habe? In den Armen meiner Oma wohl kaum an diesem Tag. Sie trug mich am 26. Juli 1959 zum Taufbecken der Pfarrkirche St. Otger in Stadtlohn. Auf dem obligatorischen Foto nach der Taufe fehlt meine Mutter. Da es üblich war, gleich nach der Geburt zu taufen, war sie am fünften Tag meines Erdenlebens noch nicht bereit, die Station der Wöchnerinnen zu verlassen, um zum Haus des Herrn zu gehen. Patenonkel, Patentante, mein Vater – im kleinsten Familienkreis wurde mir Christus als Gewand angelegt (Gal 3,27). Davon wird beim Ritus die Rede gewesen sein. Allerdings bestätigte diese Taufe eher, dass mir das Gewand der katholischen Bürgerschaft meiner Heimatstadt angezogen wurde. Der Ritus verleibte mich einer allzu menschlichen Tradition ein und verband mich mit denen, die, zwar getauft, die Glieder der örtlichen Gesellschaft bildeten, zumindest in ihrer großen Mehrheit. Die fromme Absicht meiner Eltern war lauter. Das bezweifle ich nicht. Doch Freude war darin nicht. Die sieht man auch auf dem Foto nicht. Eher: Wir haben es richtig gemacht. Und auch: Wir haben das einzig Wahre gemacht. Ich wünsche mir manchmal, ich könnte ein Mikrofon durch den Fotoabzug in die Vergangenheit halten. „Was bewegt dich, Oma, mich zur Taufe zu tragen?" Und meinen Onkel, vom dem ich den Taufnamen Bernhard erhielt, den würde ich fragen: „Was freute dich genau, als du heute Mittag zur Kirche fuhrst, zu meiner Taufe?" Mit dem Abstand von über fünfzig Jahren hätte ich Mut zu solchen Fragen. Hätte sie das Baby gestellt dort im Kreis seiner Familie: Das wäre ein Skandal geworden. Junge Leute haben zu schweigen. Stell keine Fragen! Begnüge dich mit unseren Antworten. Wie gut, dass ich Auferstehung gelernt habe. Später. Dass Taufe die Einladung zu einer lebenslangen Pilgerschaft ist, mit Dem unter den Füßen, der von sich sagt: Ich bin der Weg. Und auch: Die Wahrheit. Das Leben. Aber zuerst: Der Weg. Er hat in der Taufe zu mir gesagt: Zum Haus des Herrn wollen wir Pilgern. Zu Deinem Lebensziel. Ich verbinde Dich schon jetzt damit. Und nun mach Dich auf. Ich bin mit dir.

2 Schon stehen wir in deinen Toren, Jerusalem:
3 Jerusalem, du starke Stadt, dicht gebaut und fest gefügt.

Drei Jahre später. Ein Foto zeigt mich auf der Treppenstufe zur Eingangstür des Hauses meines Großvaters. Der kleine Dicke, das bin ich. Neben mir die Geschwister, Schwester und Bruder. Links von dieser Dreiergruppe mein Großvater. Hinter uns stehend, aus der Haustür zu uns gebeugt, noch etwas zurechtzupfend am Kragen, am Kleidchen, angetan mit dem Perlonkittel der Hausfrauen der Sechzigerjahre, meine Tante. Ich liebe dieses Foto. Es zeigt meinen starken Großvater. Man sieht ihm nicht an, dass er im Ersten Weltkrieg war und im Zweiten. Dem Haus sieht man nicht mehr an, dass es zerstört war von Bomben. Eine Woche vor Kriegsende war die unselige Nacht, die seine Stadt in Schutt und Asche legte. Die Pfarrkirche zerbarst. Ihr Patron, der heilige Georg, bekannt als der Drachentöter, konnte die bombenwerfenden Drachen der Alliierten nicht besiegen. Der Wiederaufbau der Stadt hat die Hände meines Großvaters stark beansprucht. Ihren Ehrendienst taten die rauen Finger, wenn mein Großvater durch die Trümmer der Stadt an Fronleichnam, dem katholischen Fest der Verehrung der Eucharistie, mit drei Kollegen das „Himmel" genannte Tragezelt über den Priester hielt, der das heilige Sakrament zum Segen für Volk und Stadt durch die Straßen trug. In dichten Reihen, fest gefügt, folgten dem Heiligen Leib des Herrn Hunderte von Gläubigen, der aufbauenden Kraft des im Tode vernichteten und dann auferstandenen Herrn Jesus trauend. Mehr trauend als dem Augenschein, der die sinnlos zerstörten Straßen und Häuser immer wieder tränenverschleiert verband mit dem Gedenken an die Hunderte ermordeter Kinder, Frauen, Männer und Greise, hier im Bombenhagel. Mein Großvater hatte viele von ihnen gekannt. Gesprochen hat er nie davon.

Wie auch nie über seine Frau, meine Großmutter und Patentante. Sie starb, als ich noch nicht ganz drei war. Auf dem Foto ist mein Großvater noch in der Trauerzeit. Sie freute sich, so erzählte meine Mutter mir später, wenn sie morgens zur Messfeier gehen konnte, auch werktags. Sie betete für die Einheit im Glauben und verbrachte ihre knappe freie Zeit damit, sich lesend mit der „Stadt Gottes" zu bilden, dem Familienmagazin der Steyler Missionare. Sie erbaute sich an den Geschichten über das Wirken der Missionare in Übersee. In Kriegszeiten versorgte sie eine Verwandte, die als geschiedene Frau aus dem Ruhrgebiet zu ihr kam, mit der Selbstverständlichkeit der Liebe Christi, die keinen verurteilt. In meinem Leibgedächtnis, das ja größer ist als das Erinnerungsvermögen, halte ich wach, wie sie im Wohnzimmer – das hinter dem Fenster liegt, das neben der Eingangstür auf dem Foto zu sehen ist – drei Meter von mir entfernt sich aufstellt mit ausgebreiteten Armen und mir aufmunternd zuruft: „Wer kommt in meine Arme?", und der kleine Bernd tollt auf sie zu, wird freudig empfangen, so heftig emporgehoben, als müsse er dem Himmel entgegengeworfen werden, dann geherzt und vorsichtig wieder abgesetzt. Mich reißt das heute noch mit. In meinem Nachsinnen über das irdische und das himmlische Jerusalem muss ich an meine Großmutter denken: Wie auf Erden, so wird es auch im Himmel ein klares Erwartet-Sein geben, ein Empfangen, ein Emporgehoben-

Werden, das nicht aus der unmittelbaren Verpflichtung kommt, wie Eltern sie ihren Kindern gegenüber haben. Vielleicht bin ich deswegen sensibel für Erfahrungen der Annahme, der Zuwendung und des Loslassens, sei es, dass ich das selber geschenkt bekomme, sei es, dass ich dies als entscheidenden Dreischritt von Seelsorge selber so leben möchte. In meinem Leib kann ich die Schritte dieser Bewegung von Großmutter und Enkel wachrufen. Sie zeigen mir, was Jerusalem heute für mich ist und was es im Himmel wohl ist: Meine Mutter. Und das so viel und so wenig, wie meine Großmutter mir meine Mutter war. Für die kurze Wallfahrtsstation auf meinem Lebensweg habe ich bei meiner Großmutter alles geschenkt bekommen. Das stimmt. Und doch schränke ich es ein: Ich habe es bei ihr, aber nicht von ihr geschenkt bekommen. Eher: Durch sie. So wie Jerusalem, also ein Ort höchster Freude, nicht Endziel der Pilgerschaft ist, sondern nur ein Aufenthaltsort, an dem man den Proviant für alle weiteren Wegstrecken des Lebens bekommt, bis man einst im himmlischen Jerusalem zur Ewigen Ruhe gefunden hat, voller Frieden und Freude.

4 Dorthin ziehen die Stämme hinauf, die Stämme des Herrn, wie es Israel geboten ist, den Namen des Herrn zu preisen.

Ich bin sieben. Der junge Kerl wohnt jetzt auf dem Land. Er geht in einer Bauernschaft zur Schule. 1966 ist dort von den wilden Sechzigern nichts zu bemerken. Ein Foto zeigt mich als Siebenjährigen mit der Erstkommunion-Kerze vor der Haustür. Ich war zur Frühkommunion gegangen, ungewöhnlich früh: Ich konnte mich in geistlichen Dingen wohl schon damals nicht gut gedulden. Als Schüler laufe ich von unserem Haus zur Grundschule, immer dreißig Minuten hin und dreißig zurück. Ich bekomme mit, dass sich einer aus der dritten Klasse zum Ministrantenunterricht angemeldet hat. Von der Bauernschaft zur Kirche in der Stadt sind es immerhin vier Kilometer. Mit dem Fahrrad nicht weit – wenn man erwachsen ist. Für mich noch kleinen, wenn auch schon kräftigen Jungen nicht wenig zum Fahren. Ich frage Aloys, ob er mich mitnimmt. Und so sitze ich bald jede Woche im Unterrichtsraum der Gemeinde und nehme mit etwa dreißig anderen am Einführungsunterricht für Ministranten teil. Wir kamen aus allen vier Himmelsrichtungen unserer großen Gemeinde, die über zehntausend Mitglieder zählte, zusammen. Uns einte der Wunsch, im Haus des Herrn die Liturgie mitzugestalten. Der Priester hatte schon einen schütteren Haarkranz. Mit Kreide malte er die verschiedenen Bewegungen auf, die so ein Bub zusammen mit anderen im Altarraum zu machen hat. Lauter kleine Wallfahrten: Von der Sakristei zum Altarraum, mit den Leuchtern zum Ambo, dem Lesepult, wo das Evangelium verkündet wird, mit den Körbchen zur Kollekte in die Gemeinde und wieder zurück zum Altar. Auch der Weg zum Empfang der Kommunion wurde uns angehenden liturgischen Mithelfern als kleine Wallfahrt nahegebracht: Es ist der Höhepunkt des Kirchgangs, die Vereinigung mit der lobpreisenden Christenheit, die nach dem Dankgebet aus der Hand Jesu seinen heiligen Leib empfängt – so wie er es geboten hat, seinen Namen zu preisen. Der Weg von daheim zu diesem Unterricht mit dem Fahrrad an der Seite des nur wenig älteren Wohngebietskameraden war, rückblickend beurteilt, mein erster Weg in die Freiheit. Dieser edelste aller Begriffe des Christentums, so oft von ihm selber in den Dreck gezogen, verband sich mir aufs Innigste mit der Kirche. Mir ist unvergesslich, als mir aufging, dass nach so vielen Jahrhunderten bei mir daheim geschah, was in Jerusalem einst geschah: Gott versammelt Menschen um Jesus, Jesus verkündet sein Wort vom Frieden und von der Freiheit in Gott, Jesus bricht das Brot, Jesus gibt sich zur Speise. Das alles vollzog sich immer wieder in unserer Kirche.

Als ich zwölf bin, vertieft ein anderer Priester den Ministrantenunterricht. Mir geht auf: Jesus macht Jerusalem transportabel. Ich war berührt. Bei uns daheim, im Westmünsterland, wird immer wieder Jerusalem aufgebaut. Abendmahlssaal. Die Kreuzesliebe Jesu. Sein Erlösungswerk. Sein Friedensdienst. Als Ministrant, so der Priester, handle ich nicht, wie sich das ein Papst oder Pfarrer ausgedacht hat. In der Liturgie, zu der Tag für Tag mal mehr, mal weniger Christen wallfahren aus ihrem Alltag hin zur Gemeinde, werden Riten vollzogen, die nicht nur der Atem der Jahrhunderte belebt: Wir dürfen glauben, und das konnte ich ihm abnehmen, dass darin der Atem Jesu zu uns herüberweht. Und ich durfte mit dabei sein. Mir war wie dem zwölfjährigen Jesus im Jerusalemer Tempel. Ich stelle ihn mir widerspenstig vor, ein gerade noch gehorsamer Junge. Und dann dort, bei dieser besonderen Wallfahrt, kommt der Kleine nicht mehr los vom Tempel, der Tradition. Ihm geht auf, wie geboten wird, den Namen des Herrn zu preisen: Durch Begeisterung, die von innen kommt. Durch gottgeschenktes Erkennen von Zusammenhängen der überlieferten Schriften, für deren Verständnis es weniger Schriftgelehrtentum als vielmehr Herzensgelehrtentum braucht. Maria und Josef haben ihn dort im Tempel tatsächlich verloren (Lk. 2,48 f.). Verloren an seinen Ursprung. Verloren an das, worin er sein muss: Im Haus seines Vaters. So habe ich die Sonntagspflicht kennengelernt. Davon wird heute nicht mehr gern gesprochen. Ich verstehe nicht, warum. Es wäre mir eine Freude, wenn die Pflicht des religiösen Juden, nach Jerusalem zu wallfahren, wie auch die Pflicht des frommen Muslim, nach Mekka zu pilgern, gesehen würden als Ansporn für die Pflicht des Christen, zum kleinen Jerusalem und Mekka in einem zu pilgern: Dem Ort, an dem Jesus selber in der Mitte seiner Gläubigen ist, und das geschieht immer dann, wenn sich zwei oder drei in seinem Namen versammeln. Ja, es gibt eine Versammlungspflicht für Christen. Wer glaubt, ist nicht allein. Und das muss er zeigen: Pflicht ist eine Folge des Glücks, ein Erlöster zu sein. Es käme ja auch einem jungen Mann seltsam vor, wenn man ihn fragen würde, ob er unter der Pflicht litte, seine Freundin herzlich zu umarmen. Gebetspflichten sind eine strukturierte Antwort auf die einst und wenn auch nicht immer neu zu erfahrene, so doch geglaubte Liebe Gottes. Wer dankbar ist, der findet es mehr als geboten, den zu preisen, dem man dankbar ist. Und dass man dafür gern auch Müdigkeit und Unlust überwindet.

5 Denn dort stehen Throne bereit für das Gericht, die Throne des Hauses David.
6 Erbittet für Jerusalem Frieden! Wer dich liebt, sei in dir geborgen.
7 Friede wohne in deinen Mauern, in deinen Häusern Geborgenheit.

Als ich siebzehn war, hatte ich ein bisschen selber erfahren, dass es ohne Opfer keinen Frieden in der Liebe gibt: Dem anderen zuliebe auf lieb gewonnene Gewohnheiten verzichten, das gehört wohl zu jeder Freundschaft. Liebe verstand ich als etwas Großes, und so verstehe ich es noch bis heute. Ihre Größe besteht darin, dass der eine sich dem anderen schenkt, oder sagen wir es noch deutlicher: sich opfert. Wie Jesus es tat. Er öffnete und opferte sich für Gott und die Menschen: Ich wähle dich als den Ort aus, an dem ich meine Freiheit finde. Ich binde mich an dich, weil du mir der Schlüssel für meine Freiheit bist. Mit dem „du" meint Jesus Gott. Und er meint seine Mitmenschen. In dieser Hingabe möge ich ihm nachgehen. Für mich ist Jesus meine Freiheit. Und wir sind es für ihn. Das mag mancher nur schwer verstehen. Der heilige Franziskus von Assisi hat dies besonders tief empfunden: Wie sehr Jesus Christus uns „braucht", uns liebt, uns umwirbt. Erlöser und Erlöste – sie brauchen einander. Geben sie sich einander, wird Frieden. So richtig aufgegangen ist mir das dann bei dem Wochenende, an dem ich zu einem kirchlichen Seminar in der Landvolkshochschule Freckenhorst bei Münster/W. pilgerte. Als der Priester dort vom Wesentlichen der Kirche und dem Sinn der Taufe sprach, ging mir ein Licht auf: Das also steht für mich bereit in der Glaubenswelt der Christenheit! Man muss es Detail für Detail durchgehen – aber wenn einem mal klar ist, was in der Taufe passiert ist, will man das auch durchgehen, will immer Neues entdecken in der Vielgliedrigkeit von „Jerusalem", der Kirche, wie Jesus sie auf der Erde durch die Jahrhunderte führt, in aller Zerrissenheit und doch voll von so vielen, die von seiner Herrlichkeit ergriffen sind. Der Priester erklärte das Wort des Apostels Paulus aus dem

Römerbrief: Taufe heißt in Christus sterben und auferstehen zu einem neuen Leben (vgl. Röm. 6,4). In diesem Moment ging mir das Glaubenslicht schlechthin auf. Gott ließ mich einsehen, dass meine geografisch-biologische Festlegung – von diesem Vater, dieser Mutter, dieser Geschichte, diesem Deutschland, dieser Kirche – in der Taufe begraben wurde und damit zweit-, dritt-, fünftrangig wurde. In mir hat sich an diese Stelle durch die Taufe das Original, der Ursprung, von dem her sich alles entwickelt hat, an die erste Stelle gesetzt: Jesus, die Logik der Welt, der Logos, der Schöpfer der Welt. Als mir das aufging, empfing ich die Freiheit, die die Taufe schenkt. Ich wusste: Jesus ist Jerusalem, was ja zu Deutsch heißt: Gott ist unser Friede. Ich wusste plötzlich, dass ich niemandem mehr gehorchen musste außer dem Evangelium, niemandem mich unterwerfen, keinem Papst, keinem Bischof, nicht Vater und nicht Mutter, meinen Lüsten nicht und meinen Träumen nicht, niemandem. Ich bin ein freier Mann in Christus. Eingefügt in die Gemeinde der Befreiten. Mir war das Ziel von meinem Mannwerden und meinem Menschwerden nun ganz klar: Christus ähnlich werden zu wollen. Würden alle Menschen begreifen, dass diese Quelle für sie bereitsteht, dann hätten wir den Frieden in dieser Welt. Mir wurde klar: Ich will jedem Menschen davon erzählen, dass für ihn ein Thron bei Gott bereitsteht. Und zwar ein ganz spezieller, ein extra für ihn angefertigter. Und es kommt im Leben darauf an, diesen zu finden. Und sich nicht danebenzusetzen. Ein solches Suchen muss von großem Ernst sein. „Bete, dass deine Einsamkeit der Stachel werde, etwas zu finden, für das es sich lohnt zu leben, groß genug, um dafür auch zu sterben", sagt der evangelische Mystiker und Politiker Dag Hammarskjöld (+1964). Die Geborgenheit, die das Finden in Liebe schenkt, ist die Frucht einer Hingabe, die das Opfer nicht scheut. Zu den Mühen einer glückenden Lebenswallfahrt gehören Verzicht und Beschränkung ebenso wie die zähen Momente, wo man im Gespräch miteinander gebiert, was man allein nie und nimmer hätte hervorbringen können. Es steht mehr im Leben bereit, als wir zu hoffen uns trauen. Mir wurde durch meine Einsicht in die Wirklichkeit der Taufe die Gnade der Hoffnung geschenkt: Seitdem vermag ich noch in der bescheidensten Erfahrung auf die Suche gehen nach einen Funken von Gott. Bei ihm ist nichts unmöglich.

8 Wegen meiner Brüder und Freunde will ich sagen: In dir sei Friede.
9 Wegen des Hauses des Herrn, unseres Gottes, will ich dir Glück erflehen.

Mit achtzehn dann die entscheidende Weichenstellung. Ich war wieder von daheim fortgezogen. Für einen Samstag und einen Sonntag wollte ich in Münster/W. mit anderen jungen Leuten feiern. Dort wurde für mich der letzte Beweis erbracht für die Sinnhaftigkeit des Pilgerns: Das Entscheidendste erfahren wir nie zu Hause. In Münster also. Junge Menschen sind versammelt. Am Ende des Samstags per Los die Zuteilung. Ich machte mich mit acht anderen zum Übernachten mit zwei Kapuzinerbrüdern auf den Weg in ihr Kloster. Noch nie hatte ich vorher von diesem Orden gehört. Allerdings führte mein Schulweg drei Jahre lang durch eine Kapuzinerstraße, und öfter war ich in der ehemaligen Kapuzinerkirche in Borken/W. zur Frühmesse gegangen. Bewusst war mir aber nichts bekannt von diesem Orden. Im Kloster angekommen, Abendimbiss, ein Tonbild über den Sonnengesang, eine lockere Gesprächsrunde zum Tagesausklang. Plötzlich läuft es mir heiß und kalt den Rücken herunter. Die sechs Kapuziner, die acht Kollegen blicken zu mir, als ich mit einem „Ich glaub, hier bleib ich!“ herausplatze. Ich fühle, dass ich damit mein Lebensschicksal besiegelt habe. Die da um mich saßen, das waren mir Brüder und Freunde. Ich fühlte deutlich: Das ist Frieden. So hat Gott sich Jesus gedacht: Dass Jesus Menschen um sich sammelt, damit sie mit ihm zu Menschen werden und sich nie mehr trennen lassen durch Hautfarbe, Familie, Besitz, Gefühle. Das Kloster ist ein Abbild des himmlischen Jerusalem: Gott ist dort der Friede. Wohlgemerkt: Gott! Denn die Menschen, die sich dort Brüder nennen, bleiben immer auch Fremde füreinander, manchmal gar feindlich gesonnen, meistens jedoch jeder bemüht, ein Gottesfreundlicher zu sein. Frieden breitet sich aus, wenn man im Gleichklang der Herzen und der Stimme die Psalmen betet, die schon im irdischen Jerusalem erklungen sind. Wenn man das Brot Jesu teilt, wie er es damals tat in Jerusalem. Wenn man Menschen aufnimmt und mit Gott vertraut macht, wie es damals in Jerusalem war. Wenn Nachbarn und Freunde zu einem ins Kloster kommen und sagen: Bei euch ist gut sein; was für eine schöne Atmosphäre. Manchmal wundern wir Brüder uns, weil die Mühen des Alltags den Frieden zuweilen stören, den Gott unter uns stiftet. Mit Anfang zwanzig dann die letzte Besiegelung meiner Berufung. Ich war zweiundzwanzig, drei Jahre im Orden. Das fünfte und sechste Semester des Theologiestudiums verbrachte ich in Graz in Österreich. Eines Nachmittags gehe ich wie so oft heim von der Uni zur Gemeinschaft. Wieder auf dem

Weg. Auf dem Weg zu dem, was in diesem Jahr mein kleines Jerusalem war, auch dort mit all den Tücken des Unfriedens, der in einem selber und in anderen ist. An diesem Nachmittag war ich wieder einmal beschäftigt mit der Frage: Wie kann ich ein noch besserer Kapuziner werden, ein noch besserer Bruder sein? Mir waren wieder einmal die Bilder vor Augen, die aus der Barockzeit in den Fluren unserer alten Klöster hängen: Ansichten eines Kapuziners, der in seiner Zelle sitzt, die eine Hand auf einem Totenschädel, die andere am Kreuz. Wie sollte ich das nur erreichen? Plötzlich, mitten auf der Straße, blieb ich stehen. Wie angewurzelt. Es erscholl nicht gerade eine Stimme vom Himmel, das wäre ein bisschen zu viel gesagt. Mit einem Mal jedoch wurden in meiner Vorstellung alle Bilder von dem verbrannt, was ein guter Ordensmann, Kapuziner, Christ, ist, alle Bilder, die ich mir davon gemacht hatte. Ich konnte die Asche riechen und genoss den Moment der Freiheit und des Friedens. Mir wurde klar: Ich muss doch gar nicht Kapuziner werden, ich bin schon einer! Und Gott will mit mir sein Werk tun. Was will ich denn mehr? Seitdem ist für mich der Weg klar: Es geht immer nach Hause. Der Pilgerweg nach innen ist jetzt meine Aufgabe. Ebenso wie der Pilgerweg, in allem, was ich tue, bis dahin vorzudringen, wo das Heiligtum ist. Denn ich bin davon überzeugt, dass in allem Gott zu finden ist, da er ja einwohnt in dieser Welt und in jedem Menschen. Die Auferstehung Jesu öffnet die Perspektive in das Himmlische Jerusalem, zu dem er uns voranpilgert. Ihm nachfolgen heißt für mich: Ihm durch die Höllen dieser Welt, die Widersprüchlichkeiten und sinnlosen Nöte folgen. Es gibt in jedem Menschen den Ort, der Jerusalem heißt, in jedem ist ein heiliger Bezirk, ein Tempel, aus dem heraus sich

Auferstehung anbahnen lässt. Dieser Weg nach innen, der bereit macht, aufzubrechen und weltwärts Frieden zu leben: Das ist meine Passion. Wegen des Wissens um den Sinn, den Gott seiner Schöpfung einhaucht, jeden Tag neu, will ich Glück für alle Menschen erflehen. Es ist für mich nur schwer erträglich, wenn ich die Kleingeisterei um mich herum wahrnehme, mit der sich Menschen um ihr eigenes Glück sorgen. Jeden Tag freue ich mich, dass Gott mich mitreißt, zu ihm zu pilgern, meinen Sinn zu erheben zum himmlischen Jerusalem, in das uns Jesus vorangegangen ist. Meinen begeisterten Blick darauf biegt er täglich geduldig und freundlich um auf alle, die noch mitzureißen sind. Die bewegt werden wollen, auch wenn sie im Moment noch meinen, es sei besser, sitzen zu bleiben und in Frieden gelassen zu werden, als angerührt und zum Frieden für alle eingeladen zu werden.

Ach, wie froh wäre ich, sie könnten das Glück Jerusalems schauen!

Bruder Paulus Terwitte ist Kapuziner-Mönch und lebt in Dieburg. Er arbeitet in der Berufungspastoral, als TV-Moderator und Internetseelsorger. Er ist Autor zahlreicher Veröffentlichungen.

Demut

Psalm 123

1 Ein Wallfahrtslied. Ich hebe meine Augen auf zu dir, der du im Himmel wohnest.

2 Siehe, wie die Augen der Knechte auf die Hände ihrer Herren sehen, wie die Augen der Magd auf die Hände ihrer Frau, so sehen unsre Augen auf den HERRN, unsern Gott, bis er uns gnädig werde.

3 Sei uns gnädig, HERR, sei uns gnädig; denn allzu sehr litten wir Verachtung.

4 Allzu sehr litt unsere Seele den Spott der Stolzen und die Verachtung der Hoffärtigen.

(Luther 1984)

Kerstin Hack

Wir schauen zu dir hin, Herr. Schau du her zu uns!

Den Letzten beißen die Hunde – oder die Letzte trifft Psalm 123. Ich wurde als letzte Autorin für dieses Buchprojekt angefragt. Da war nur noch dieser Psalm übrig. Die vorher angefragten Autoren hatten sich andere Pilgerpsalmen gewählt – ihre Favoriten. Psalm 123 gehörte wohl nicht dazu. Das kann ich verstehen. Freiwillig hätte ich ihn mir auch nicht ausgesucht. Ich hätte lieber über einen der Psalmen geschrieben, die Verse enthalten, die mich spontan und tief ansprechen und seit Langem begleiten.

Davon gibt es einige. Etwa: „Ich hebe meine Augen auf zu den Bergen – woher kommt mir Hilfe?“ (Psalm 121), oder „Unsere Hilfe steht im Namen des Herrn, der Himmel und Erde gemacht hat“ (Psalm 124). Wenn ich diese Worte lese, atmet meine Seele spürbar auf. Oder auch: „Die auf den Herrn hoffen, werden nicht fallen, sondern ewig bleiben, wie der Berg Zion" (Psalm 122) – das gibt mir Sicherheit und Zuversicht. Und nicht zuletzt: „Wenn der Herr die Gefangenen Zions erlösen wird, so werden wir sein wie die Träumenden. Dann wird unser Mund voll Lachens und unsere Zunge voll Rühmens sein" (Psalm 126). Wenn ich diese Worte lese, empfinde ich Hoffnung, die sich aufschwingt wie ein Vogel in den Frühlingshimmel. In unzähligen Lebenssituationen haben mich diese Worte getröstet, begleitet und mir Mut zugesprochen. Zu diesen Psalmen finde ich leicht Zugang. Ich kann problemlos eine Brücke in meine Erfahrungswelt schlagen.

Ein spröder Psalm

Aber Psalm 123? Dieser kurze Psalm hat es noch nicht in die Liste meiner Favoriten geschafft. Immerhin mag ich wenigstens das 1 – 2 – 3 seiner Zahl. Das hat was. Da schwingt ein bisschen Ebay mit. Dennoch: Ich empfinde ihn – auch nach mehrmaligem Lesen – als spröde. Er ist hart und unbequem, wie ein lange nicht getragener Schuh. Immer wieder lese ich den Psalm in den Monaten, in dem ich über diesen Beitrag nachdenke – und kaue auf ihm herum, wie auf einem zähen Stück Fleisch. Meine Schwierigkeiten haben vor allem mit dem Mittelteil zu tun. Der Anfang des Psalms ist klar: „Ich hebe meine Augen auf zu dir, der du im Himmel wohnest." (V. 1). Da richtet einer – vermutlich der Vorsänger – seinen Blick auf Gott. Er richtet sich auf den aus, der im Himmel wohnt. Und gemeinsam mit anderen (ab V. 2 ist der Psalm im Plural) bittet er ihn um gnädiges Handeln angesichts einer schwierigen Situation. Das verstehe ich.

Aber mittendrin sind diese Verse, die mir nicht einleuchten wollen: „Siehe, wie die Augen der Knechte auf die Hände ihrer Herrn sehen, wie die Augen der Magd auf die Hände ihrer Frau [Herrin], so sehen unsere Augen auf den Herrn, unseren Gott, bis er uns gnädig sei."

Es half auch nicht viel, dass ich den Psalm zuerst in einer englischen Übersetzung las, in der von „Slaves", also Sklaven, die Rede war. Wie schauen Sklaven auf die Hand ihrer Herren? Doch sicher mit Angst. So wie manche Angestellte angstvoll auf die Schritte ihrer Chefs hören und sich fragen: „Welche Laune hat er wohl heute? Tobsuchtslaune? Oder nur normal schlecht gelaunt wie immer?"

Bei dem Wort Sklaven habe ich Bilder von amerikanischen Sklaven vor Augen, die wegen jeder Kleinigkeit ausgepeitscht wurden. Oder die Geschichte von Sally Hemings. Die bildschöne Frau stammte aus einer amerikanischen Sklavenfamilie. Sowohl ihre Mutter als auch ihre Großmutter waren Sklavinnen gewesen – und Geliebte der jeweiligen Herren. Die konnten mit ihnen machen, was sie wollten. Die Kinder aus diesen Verbindungen blieben Sklaven, obwohl sie halb oder, wie Sally selbst, sogar ¾ weiß waren. Sally war die Tochter des Herren ihrer Mutter. Auch Sallys Kinder wurden als Sklaven geboren, obwohl ihr Vater der mächtigste Mann der eben erst gegründeten Vereinigten Staaten war – Präsident Thomas Jefferson.

Solche Bilder von Willkür und Ausbeutung hatte ich vor Augen, als ich diesen Psalm zuerst las. Deshalb machte dieser Vers für mich keinen Sinn. Auf Gottes Hand blicken wie ein Sklave, der der Willkür seines Herrn ausgeliefert ist? Das passt nicht mit meinem Bild von Gott zusammen, der zwar Herr, aber auch Tröster, Vater und Freund ist. Mit dem, der uns als Söhne und Töchter bezeichnet.

Also kaute ich weiter und entdeckte während der Beschäftigung mit der Hintergrundliteratur, dass Sklaven oder Diener und Herren im damaligen Israel ein anderes Verhältnis zueinander hatten als die weitgehend rechtlosen Sklaven Amerikas in späteren Jahrhunderten. Das ist zum Beispiel bei Abraham zu erkennen, der – noch kinderlos – seinen vertrautesten Diener als Erben einsetzen wollte.

Vertrauen zwischen Diener und Herren

Man könnte den hier beschriebenen Herrn und seinen Umgang mit den Dienern am ehesten mit der Rolle eines wohlwollenden Patrons vergleichen, der sich für seine Mitarbeiter verantwortlich fühlt. Ich kenne einige Geschäftsleute des „alten Schlages", die ihre Firmen führen wie eine Familie. So wie ein Chef, der mir erzählte, dass er für seine Sekretärin ein nagelneues Fahrrad und ein fast 100 Euro teures Sicherheitsschloss dazu gekauft hat, weil sie so geknickt über den Diebstahl ihres alten Rades war.

Patriarchen vom alten Stil kümmern sich um ihre Mitarbeiter, leiden mit, wenn jemand krank ist – so wie der Hauptmann zu Kapernaum, der sich so sehr um einen kranken Diener sorgte, dass er eine Delegation zu Jesus schicken ließ, um von ihm Hilfe zu erbitten. So etwas macht kein skrupelloser Boss, dem es nur um Gewinnmaximierung geht und für den Mitarbeiter keine Menschen sind, sondern Produktionsfaktoren. Ein echter Patriarch zeigt Fürsorge. Das Wort Familie bedeutete übrigens ursprünglich genau das: die Gesamtzahl der Menschen, die zusammen leben und arbeiten und für die ein

Familienvater Verantwortung trägt. Erst in späterer Zeit wurde der Begriff auf „Menschen, die eng miteinander verwandt sind", übertragen.

So ein Familienvater fühlt sich verantwortlich für seine Schutzbefohlenen. Ihr Wohlergehen liegt ihm am Herzen. So wie mein Vater. Er war Inhaber einer kleinen Firma. Er trug Sorge um eine Mitarbeiterin, deren Mann sehr schwer erkrankte, und freute sich wie ein Vater, als sie – einige Jahre nach dem Tod ihres ersten Mannes – einen neuen Partner fand. Ein guter Patron kümmert sich. Von Herzen.

Solch einen Patriarchen hat der Schreiber des Psalms wohl vor Augen. Keinen launischen Chef, dessen Tagesstimmung man vorsichtig ausloten muss. Keinen, der bei kleinstem Anlass explodiert und ständig Menschenunmögliches von seinen Mitarbeitern verlangt. Der den Druck, unter dem er selbst steht oder gesetzt wird, ungefiltert an seine Untergebenen weitergibt.

Der Psalmist hat einen Patriarchen vor Augen, der weise ist und den Überblick hat. Er ist der, der im Himmel wohnt. Er sieht, was wir brauchen. Und teilt gerne aus – so wie es in Psalm 145,16 vertrauensvoll zum Ausdruck kommt: „Du tust deine Hand auf und sättigst alles, was lebt, nach deinem Wohlgefallen." Von Gottes Hand ist Gutes zu erwarten. Austeilen. Trost. Hilfe.

Hinsehen zu ihm

Vier Mal ist in den ersten zwei Strophen dieses Psalms vom Hinsehen die Rede:

Ich hebe meine Augen auf zu dir
Wie die Augen der Knechte auf die Hände ihrer Herrn sehen

Wie die Augen der Magd auf die Hände ihrer Frau
So sehen unsere Augen auf den Herrn.

In Krisensituationen ist es wichtig, wohin man blickt. Im Normalfall neigt man dazu, wie das Kaninchen auf die Schlange zu sehen – gebannt, fixiert von der Not und der Bedrohung, die sich aufbaut. Oder wie der Fahrer, dessen Auto ins Schlittern kommt und der wie gebannt auf den Baum starrt, den er eigentlich nicht treffen will. Ich kenne das aus eigenem Erleben. Ich schreibe diesen Text inmitten einer schwierigen Situation, von der ich wünschte, sie wäre schon vorbei. Nicht ständig auf die Probleme zu sehen erfordert eine Menge Disziplin. Als professioneller Coach kenne ich das auch aus Beratungssituationen. Da erlebe ich es, dass Menschen wie hypnotisiert auf ihre Krise starren und sich, indem sie jedes Detail ausweiten, immer weiter in den Sog der Probleme ziehen lassen.

Aushalten, warten – das ist eine substantielle Prüfung für das Vertrauen. Dasitzen und warten, bis die Hand des Herren oder der Herrin anzeigt, was sie tun möchte. Puh. Ich zumindest neige neben der Problemfixierung in Krisenzeiten auch dazu, zu rotieren. Damit will ich nichts gegen die eigene Verantwortung sagen. Wir haben – auch vor Gott – die Verantwortung, unser Leben gut zu leben. Gott nimmt uns das Handeln nicht ab. „Die Erde zu bebauen und zu bewahren", unser Leben zu leben und zu gestalten, Lösungen für die Herausforderungen zu suchen, in denen wir stehen. Das bleibt unser Auftrag.

Dann aber gibt es Situationen, in denen wir mit unserem Latein am Ende sind. In denen unsere Möglichkeiten begrenzt sind. Was macht man, wenn die Mutter zum wiederholten

Male Krebs hat oder die 19-jährige Tochter mit einer Hirnblutung im Krankenhaus liegt – beides Situationen, mit denen Menschen in meinem Umfeld sich gerade auseinandersetzen. Oder was tut man, wenn man ohne Grund angefeindet wird und Menschen Hasstiraden auf einen loslassen? Ich neige in solchen Situationen dazu, mir schnell die eine oder andere kurzfristige Lösung auszudenken, statt auf Gottes Eingreifen zu warten. Oder, wie in einem Fall von Spott und Unterdrückung, den ich durchleben musste, auch mal zurückzuschlagen. Zumindest verbal. Oder in Gedanken. Kleine Racheszenarien im Kopf. Tagträume, wie die Bösen bestraft werden und die Guten belohnt. Man kann sich das so wunderbar ausmalen.

Ein Bekannter erzählte mir von einem Unternehmer, der durch betrügerische Handlungen mehrere Banken um Millionenkredite gebracht hat. Bei der Gerichtsverhandlung war er nicht vernehmungsfähig – krankgeschrieben. Jahrelang. Irgendwann prahlte er in einer Bar darüber, wie er die Behörden an der Nase herumgeführt habe, in dem er sich von seinem Bruder, der Arzt war, eine nicht vorhandene Krankheit attestieren ließ. Leider hatte er vor der Prahlerei versäumt, seinen Gesprächspartner, der an jedem Detail interessiert war, nach seinem Beruf zu fragen. Der Zuhörer war Staatsanwalt und sorgte dafür, dass der Unternehmer nach diesem aufschlussreichen Gespräch rechtskräftig verurteilt wurde.

Solche Geschichten mag ich, wo am Ende die Gerechtigkeit triumphiert, die Guten gewinnen, die Bösen bestraft werden. Es macht mir Hoffnung, dass das in meinem Leben auch so sein wird. Ich rechne mich in solchen Situationen natürlich immer zu den Guten und verfüge über genug Fantasie, mir auszumalen, wie es den Bösen heimgezahlt wird; denen, die mir das Leben schwer gemacht haben: Den Banken, Finanzämtern, unzuverlässigen Lieferanten und Menschen, die mich im Stich gelassen oder hintergangen haben. Dass sie – in ihrer eigenen Version der Geschichte – sich selbst für die Guten und mich für die Böse halten, blende ich dann lieber aus. Und ich gestehe es: Ich bin, in schlechten Phasen, durchaus in der Lage, meinen „Feinden", ähnlich wie die Jünger, ein bisschen Feuer vom Himmel zu wünschen.

Also sagt mir der Psalm, ich solle, statt in so einer Situation des offensichtlichen Unrechts selbst einzugreifen und für Recht und Ordnung zu sorgen, lieber warten, bis Gott handelt?

Das kann knallhart sein. Auf seine Hand schauen und sehen, welche Signale er uns gibt – und welche auch nicht –, erfordert einiges an Kraftaufwand. Vor allem, weil es manchmal eine Ewigkeit dauert, bis er handelt. Und selbst wenn er es tut, kann es noch ganz anders aussehen, als ich mir das vorstelle.

Ich erinnere mich an eine Situation, in der ich mit einer Frau in einer WG lebte, die neidisch auf mich war und mich hasste. Das war mehr als ein Gefühl von mir – sie sagte selbst, dass es so war. Ich habe unter der Situation sehr gelitten, und es hat mir viel Schmerzen bereitet.

Doch noch schwieriger als ihr Verhalten war für mich Gottes scheinbares Ignorieren der Situation. Er tat nichts, um mich vor ihrem Hass zu schützen – und auch nichts, um ihr einen Denkzettel zu verpassen. Ich hätte von ihm erwartet, dass er ihr wenigstens mal eins mit der Bratpfanne überbrät. Keine vollständige Körperverletzung, aber doch wenigstens eine kleine Beule im Leben. Doch Gott tat nichts dergleichen. Im Gegenteil. In ihrem Leben lief alles bestens. Sie fand ihren Traumjob, heiratete einen durchaus passablen Mann, erbte Geld für ein Häuschen und bekam drei Kinder. In der gleichen Zeit war ich ein Jahr arbeitslos, hielt mich mit Gelegenheitsjobs über Wasser, und weder Mann noch Kinder noch Häuschen waren in Sicht. Mich ließ das alles an Gott zweifeln. Wo ist seine Gerechtigkeit, sein Eintreten für mich? Schließlich hatte ich von dieser Person ja so viel Unrecht erlitten. Warum griff er da nicht ein?

Eine ungewöhnliche Antwort erhielt ich einige Jahre später. Eine gemeinsame Freundin erzählte mir von einer Begegnung mit dieser Frau. Wörtlich sagte sie: „Ich verstehe das nicht – sie hat alles, was man sich zum Glück nur wünschen kann: Job, Mann, Kinder, Haus. Du hast all das nicht, aber trotzdem bist du tausendmal glücklicher als sie."

Hätte ich die Wahl, Dinge zu besitzen oder glücklich zu sein, würde ich das Glück wählen. Aber am liebsten habe ich beides: Menschen und Dinge, die mein Leben bereichern, genauso wie Lebensfreude. Im Zweifelsfall würde ich natürlich lieber auf einige Dinge verzichten als auf Glück. Das ist besser, als alles zu haben und trotzdem unglücklich zu sein. Mein Gott wusste das. Und half mir Wege zur Zufriedenheit zu finden. Und machte es gut für mich.

Geduld und Vertrauen

Nur wusste ich nicht, dass er das wusste. Das mangelnde Vertrauen macht Krisenzeiten so hart. Wenn wir vertrauen könnten, dass Gott es gut meint, dann könnten wir, wie der Knecht im Psalm, dasitzen und auf Gottes Winke und Fingerzeige warten. Doch oft ist das nicht der Fall. Wir denken, wir wissen es selbst besser als Gott. Und zweifeln, ängstigen uns und klagen Gott an. Und rauben uns selbst damit den Seelenfrieden. Mir hilft in solchen Situationen manchmal ein Zitat von Jim Henderson: „Im Laufe meines Lebens habe ich zwei Dinge erkannt. Es gibt einen Gott – und ich bin es nicht." Wenn ich darauf vertrauen kann, dass Gott die Dinge in der Hand hat, dann kann ich auf seine Hand blicken und sehen, was er tut. Und gelassen abwarten, bis er handelt.

Elisabeth Elliot schrieb dazu: „Warten erfordert Geduld – eine Bereitschaft, anzunehmen, was wir haben ... Frieden wohnt nicht in äußeren Dingen, sondern in einem Herzen, das bereit ist, zu vertrauen, der alle Dinge sicher in seinen Händen hält."[17]

Wenn das nur so einfach wäre. Im echten Leben ist das gelassene Abwarten oft nicht so leicht. Und keinesfalls unsere erste Wahl. Da ist dieser spröde Psalm ganz ehrlich. Bei echten Problemen will man keine Geduld üben. Da will man, dass der, der helfen kann, handelt – und zwar sofort.

Auch der Psalmist und die Gemeinschaft der Menschen, zu der er gehörte, hatten mit substanziellen Schwierigkeiten zu kämpfen. Sonst betet man nicht: „Sei uns gnädig, Herr, sei uns gnädig; denn allzu sehr litten wir Verachtung. Allzu sehr litt unsere Seele den Spott der Stolzen und die Verachtung der Hoffärtigen" (V. 3 und 4). Mobbing anno dazumal. Nicht weniger angenehm als heute. Darin kann man versinken, sich in den Schmerz und die Ausweglosigkeit der Situation geradezu hineinfallen lassen. Der Schrei ist ehrlich. Und laut.

In den ersten beiden Versen versucht der Psalmist, seinen Blick auf Gott zu richten. Und dann bittet er Gott, auf ihn zu sehen. Schreit ihm seine ganze Not entgegen. Es ist ein Hin und Her. Erst sieht er zu Gott. Dann bittet er, auf seine Kinder zu sehen: „Sei uns gnädig, Herr, sei uns gnädig." Das klingt wie SOS auf Hebräisch. Save our Souls. Gleich zweimal: Herr, sei uns gnädig. Sei uns gnädig. Da meint es einer ernst.

Und dann kommt, in Luthers Übersetzung, zwei Mal, im Hebräischen Originaltext vier Mal, das „allzu sehr". Vier Mal schreit er das „allzu sehr" seinem Gott entgegen. „Allzu sehr" litt unsere Seele. Es reicht. Es ist zu viel. Es geht nicht mehr. Herr, wir schauen zu dir. Aber schau du auch zu uns! Wir können nicht mehr. Das Mobbing ist zu hart. Der Spott, der Stolz, die Arroganz der anderen, die Verachtung. Es ist einfach zu viel. Ich weiß nicht mehr, wir wissen nicht mehr, wie wir es tragen können.

Im ersten Teil des Psalms findet sich das Bemühen um das Hinsehen zu Gott. Der Wunsch, sich auf ihn auszurichten, den Blick auf ihn gerichtet zu halten. Herr, ich will ja auf dich sehen. Und dann im zweiten Teil: Die Situation ist übermächtig. Bedrängt von allen (!) Seiten. Allzu sehr. Sehr voll ist unsere Seele vom Spott und der hoffärtigen Verachtung.

Unterdrückung aushalten

Unterdrückung ist kein angenehmer Zustand. Es ist hart, wenn man erleben muss, dass andere Menschen die Macht haben, und sie ausüben, um mein Leben einzuschränken. Ohnmacht, Hilflosigkeit und Verzweiflung sind Gefühle, die in solchen Situationen schnell aufkommen. Es ist wirklich furchtbar. Kommentatoren gehen davon aus, dass der Psalm geschrieben wurde, als Jerusalem vom assyrischen Heer belagert war, beschrieben in Jesaja 36 und 37. Alle befestigten Städte Judas waren schon erobert worden. Sie hatten nicht die Kraft gehabt, der assyrischen Übermacht zu begegnen. Jetzt war Jerusalem dran.

Der Zustand war hoffnungslos. Was schmerzte, war nicht nur die Belagerung, obwohl das schon schlimm genug war. Die Vorräte gingen zur Neige. Wenn man dem Spott der Assyrer glauben kann, mussten die Menschen Urin trinken und Kot essen, um sich am Leben zu halten.

Und obendrein verspottete der Rabschake von Lachisch, der Vertreter Assyriens, den König Hiskia und seinen Glauben an Gott. Er machte sich lustig über diesen Gott, der offensichtlich nicht helfen konnte. Prahlte mit seinen Göttern, die stärker, mächtiger und einflussreicher waren als der Gott Israels.

Was kann man dem entgegensetzen, wenn die ganze Situation zu bestätigen scheint: „Es stimmt, was er sagt!"? Wie reagiert man, wenn man selbst gar nicht mehr so sicher ist, ob Gott handeln kann und will? Wenn die spottenden Worte in dem Zweifel des eigenen Herzens Widerhall finden?

Hiskia selbst tut, was dieser Psalm beschreibt. Er breitet die Situation vor Gott aus und bittet um Eingreifen und Rat. Er richtet seinen Blick nach oben. Und bittet seinen Gott, doch auch den Blick auf sein Volk zu richten. Und zu handeln.

Die Geschichte hat ein Happy End. Gott greift ein. Ein großer Teil des assyrischen Heeres stirbt über Nacht. Das Heer zieht ab. Jerusalem ist wieder frei. Doch zu dem Zeitpunkt, als der Psalmist dieses Gebet schreibt, konnte er noch nicht ahnen, dass es ein Happy End geben würde. Ihm reicht es einfach. Er kann nicht mehr. Und das schreit er seinem Gott entgegen. Und damit endet dieser Psalm.

Ich habe gelegentlich beim Lesen gedacht, dass er vermutlich nicht von einer Frau geschrieben wurde. Wie viele Frauen neige ich dazu, meinen Bitten noch eine entschuldigende Erklärung hinterherzuschieben. „Herr, es ist schwierig, aber ja, ich will dir vertrauen. Ich bitte dich nur, weil ..." Vielleicht, um auf keinen Fall die Beziehung durch eine zu direkte Bitte zu gefährden. Männer tun das eher selten. Die sagen häufig, was sie wollen. Punkt aus. So wie ein Bekannter, der mich fragte, als ich ihm von einem schwierigen Geschäftspartner erzählte: „Willst du weiter mit ihm zusammenarbeiten?" „Nein." „Dann beende es." Mir tat die Klarheit gut.

Diese Direktheit macht mir den Psalmisten sympathisch. Ich war – glücklicherweise – noch nie in einer Situation, in der ich Kot essen und Urin trinken musste, um zu überleben. Doch ich kenne Situationen, in denen mir das Wasser bis zum Hals steht. Wenn man am Ertrinken ist, macht man keine langen Erklärungen: „Bitte rette mich! Weißt du, ich kann nicht schwimmen, und wenn du mir nicht hilfst, dann gehe ich unter. Und dann haben meine Kinder keine Mutter mehr, und außerdem wäre es schwierig, weil dann das Projekt, das ich begonnen habe, nicht mehr fortgeführt werden kann. Und ..." So redet keiner, der in echter Not ist. In Not schreit man nur noch.

Auch der Psalmist verzichtet auf überflüssige Floskeln. Er bekundet nicht noch mal sein Vertrauen. Er schreit einfach seine Not heraus. Und lässt das so stehen. Er löst die Spannung nicht auf – so wie in anderen Psalmen, wo am Ende noch mal Vertrauen zum Ausdruck gebracht wird. Der Psalm endet bei der Verzweiflung und dem Hilfeschrei.

Der Psalmist verpasst sich selbst kein frommes Trostpflaster. Kein billiges „wird schon wieder". Und er ist auch nicht höflich zu Gott. So direkt redet man nur mit einem, den man kennt. Schreit ihm seine Not entgegen. Sein SOS. Ohne viel schmückendes Beiwerk. Nur: „Ich brauch dich. Dringend!"

Das kann man letztlich nur mit jemandem machen, mit dem man sich tief verbunden weiß. „Unser Gott!" Da klingt an, dass der Psalmist sich als Teil des Bundesvolkes versteht. „Gott, wir gehören zu dir – und du zu uns." Das ist, mitten in der Not, ein tiefes Verankertsein in Gott. Der Psalmist begreift Gott als Bundespartner. Als den, zu dem er aufschaut, aber von dem er auch erwartet, dass er auf ihn niederschaut, für ihn handelt und eingreift.

Das sind die zwei Teile des Psalms. Der Mensch, der Gott vertraut, schaut hin zu ihm. Und der Mensch, der Gott inmitten einer schrecklichen Situation vertrauen will, bittet Gott: „Schau du her zu uns."

Im Grunde sagt der Psalm: „Gott, wir gehören zusammen. Du, der gütige Herr, und wir, dein Volk. Wir, Herr. Ich schaue zu dir. Schau du auch zu mir!"

Ich fange an, diesen spröden, ehrlichen Psalm zu lieben.

Kerstin Hack hat Anglistik und Ethnologie studiert. Sie ist Autorin, Coach und Gründerin des „Down to earth"-Verlags in Berlin.

Befreiung

Psalm 124
1 Von David, ein Wallfahrtslied. Wäre der HERR nicht bei uns – so sage Israel –,
2 wäre der HERR nicht bei uns, wenn Menschen wider uns aufstehen,
3 so verschlängen sie uns lebendig, wenn ihr Zorn über uns entbrennt;
4 so ersäufte uns Wasser, Ströme gingen über unsre Seele,
5 es gingen Wasser hoch über uns hinweg.
6 Gelobt sei der HERR, dass er uns nicht gibt zum Raub in ihre Zähne!
7 Unsre Seele ist entronnen wie ein Vogel dem Netze des Vogelfängers; das Netz ist zerrissen, und wir sind frei.
8 Unsre Hilfe steht im Namen des HERRN, der Himmel und Erde gemacht hat.
(Luther 1984)

Wolfgang Buck

Der Tag, als dem Vogel das Singen verging, war ein Frühlingstag im Mai 2010. Einen Monat vorher war mir selber das Singen vergangen, und ich verbrachte nun gerade sechs Wochen in einer psychosomatischen Klinik. Die Geschichte von dem Vogel, dem das Singen vergangen war, erzählte mir meine Frau brühwarm im Krankenhaus: Unsere alte Katzendame Polli ist zwar schon lange keine erfolgreiche Jägerin mehr, aber an diesem Tag hatte sie es doch noch einmal geschafft. Als meine Frau Lisa ihr die Haustür öffnete, huschte ein graufelliger Kugelblitz ins Haus, genauer gesagt: Ein Kugelblitz mit flatterndem Propeller. Dieser Propeller entpuppte sich als kleiner Vogel im Maul der Katze, und das letzte Stündlein dieses Sängers schien geschlagen zu haben. Vogelmord wird bei uns nicht toleriert, deshalb holte Lisa den Schrubber und fuchtelte damit vor Polli herum. Die Katze ließ vor lauter Schreck den Propeller fahren und flüchtete.

Da lag er nun, der Propeller, der in Wirklichkeit eine Blaumeise war, und rührte sich nicht mehr. Leblos lag er da, auf den Stufen der Treppe. „Der ist tot", dachte meine Frau traurig. Nach einer Weile nahm sie deshalb eine Schaufel und warf den leblosen Vogel vom Balkon aus in einen Graben, der sich an unserem Zaun entlangzieht. Doch in der Luft flatterte die Blaumeise auf, flog einen kleinen Bogen und setzte sich auf einen Ast der Silberweide.

So, und da saß sie nun. Sie rührte sich nicht, sie bewegte sich nicht. Erstarrt und wie festgefroren saß sie auf dem Ast – eine halbe Stunde, eine Stunde. Einmal kam ein Spatz vorbei und setzte sich neben sie. Vorsichtig beäugte er die Blaumeise von der Seite, dann flatterte er auf ihre andere Seite. Und wieder schaute er sie an, beinahe fürsorglich wirkte das, ein um eine Blaumeise besorgter Spatz. Dann flog er wieder weg. Nach einer langen Zeit drehte sich die Blaumeise in die andere Richtung, und wieder saß sie da – eine halbe Stunde lang und noch mal eine Stunde.

Dann erhob sie sich in die Luft und flog davon.

Ich hab die Karte noch, die mir Lisa mit ins Krankenhaus gebracht hat: Auf einem Karton aufgeklebt ist eine Flaumfeder der Blaumeise und dazugeschrieben ein Vers aus dem wunderbaren Lied „Jesu meine Freude" von Paul Gerhardt:

Trotz dem alten Drachen,
trotz dem Todesrachen,
trotz der Furcht dazu.
Tobe, Welt, und springe,
ich steh hier und singe
in gar sichrer Ruh.
Gottes Macht hält mich in Acht,
Erd und Abgrund muss verstummen,
ob sie noch so brummen.

Die Blaumeise war dem Todesrachen entkommen, und hoffentlich fand sie nach einiger Zeit auch wieder Töne. Vielleicht nicht „in gar sichrer Ruh", sondern mit Zittern und Zagen, mit einem Schreck in den Gliedern, aber lebend und singend.

Ob ich selber jemals wieder singen würde?

Im Februar hatte sich bei mir eine hartnäckige Erkältung breitgemacht. Den letzten Rest gaben mir zwei Gottesdienste, die ich an einem eiskalten Sonntagvormittag in den Haßbergen gehalten hatte, als Pfarrer im Ehrenamt. Neben meiner Musik half ich ab und zu gerne aus bei den Kollegen im Umkreis. Doch an dem Sonntag war ich mit einer üblen Halsentzündung aufgewacht und brachte nahezu keinen Ton heraus. Aber als gestandener Pfarrer kommt man halt ab und zu mal auch auf dem Zahnfleisch daher und hält trotzdem Kirche, danach kann man ja ins Warme gehen. Das geht schon irgendwie. Doch diesmal waren es zwei Liturgien und zwei Predigten zu viel, die ich da in letzter Kraft herauskrächzte. Ab diesem Sonntag war meine Stimme beschädigt, mein Kehlkopf entzündet, und mein Immunsystem hatte keine Kraft mehr, sich zu wehren. „Flasche leer", würde Giovanni Trapattoni sagen.

Aber immer noch war ich nicht weise. Immer noch dieses dumme „Es geht schon irgendwie“. Jedes Wochenende standen zwei oder drei Konzerte an. Es fiel mir schwer, die Veranstalter und das Publikum zu enttäuschen und abzusagen. Immer wenn es „irgendwie ging“, stellte ich mich deshalb auf die Bühne und versuchte knapp zwei Stunden lang, die Show weitergehen zu lassen. Viele Konzerte fielen aus, aber bei den, die nicht ausfielen, ruinierte ich meine Stimme, meinen Körper und meine Seele endgültig. Endgültig?

Von Februar bis April geriet ich in eine Spirale nach unten, mit allen Zutaten eines sich abzeichnenden Burn-outs: nächtliche Panikattacken, Angst um die Stimme, um meine berufliche Existenz und um meine Familie, stundenlanges Wachliegen, tagsüber verzweifeltes Bekämpfen der Erkältung ohne Besserung, Hinquälen zu einigen Konzerten, andere Konzerte absagen (was bei einem Freiberufler auch bedeutet: kein Geld in der Kasse). Nach zwei Monaten, nach einem Konzert im April, brach ich zu Hause zusammen. Ich hatte Weinkrämpfe, spürte keinerlei Kraft mehr in mir und war abgrundtief verzweifelt. Es war der Totstellreflex der Blaumeise. Eigentlich gut, dass es ihn gibt, sonst würde man sich vielleicht zu Tode rennen. Mit der Hilfe zweier Ärztinnen fand ich sofort Aufnahme in der psychosomatischen Klinik.

Was heißt da „Burn-out“? Wenn man es böse und politisch unkorrekt sagen will, ist das Wort „Burn-out“ ein gesellschaftlich akzeptiertes Wort für eine Form der Depression. Wer einen Burn-out hat, kann im Prinzip stolz auf sich sein. Er hat gearbeitet bis zum Umfallen, hat sich aufgeopfert, und nun ist er deswegen ausgebrannt – sozusagen ein Held der Arbeit. Der

Burn-out ist im Gegensatz zur Depression in unserer Leistungsgesellschaft hoffähig.

Ich hatte von mir bisher immer folgende Vorstellungen: Erstens bin ich sehr stabil. Bevor ich zusammenkrache, können die meisten anderen schon längst nicht mehr. Zweitens werde ich es spüren, wenn es zu viel wird, und kann rechtzeitig etwas dagegen unternehmen. Das hatte ich ja schon einmal geschafft, als ich die Doppelexistenz als Pfarrer und Musiker zu Gunsten eines stressfreieren Lebens aufgab und mich ganz der Musik widmete, ohne dabei jemals die Verbindung zu meinem Pfarrersein zu kappen.

Auch andere waren ungläubig überrascht. „Der Buck und ein Burn-out? Von dem hätten wir das als Letztes gedacht. Einer, der das Leben genießt. Einer, der das Lied vom Hamsterrad und von der Echtzeit gesungen hat, wo die Katze wohlig in der Sonne liegt. Einer, dem die anderen mit ihrem Rumgerenne und ihrer Hektik den Buckel hinunterrutschen können, der sich in seinen Songs lustig macht über Arbeitswut, Wichtigtuerei und andere unentspannte gesellschaftliche Phänomene. Nein, der Buck doch nicht."

Doch, auch der Buck. In den sechs Wochen in der Klinik und in den vielen langen Wochen und Monaten danach habe ich erfahren, was es heißt, zusammenzubrechen, zu denken, das Leben sei zu Ende, tiefschwarze Verzweiflung, das Gefühl, von Gott verlassen und von den eigenen Kraftquellen getrennt zu sein. Von Depression hatte ich oft gehört, aber ich hatte keine Vorstellung, wie sie sich anfühlt.

Hier im Psalm 124 heißt es: „Wäre der Herr nicht bei uns, wenn Menschen wider uns aufstehen, so verschlängen sie uns lebendig, wenn ihr Zorn über uns entbrennt, so ersäufte uns

Wasser, Ströme gingen über unsre Seele, es gingen Wasser hoch über uns hinweg." (V. 1-4)

Ich bin glücklich darüber, dass mir solche Feinde in meinem Leben selten begegnet sind: die Arbeitskolleginnen, die einen mobben, wo sie nur können, die einem das Leben schwer machen und auf einem herumtrampeln. Der böse Nachbar, der einem die Polizei auf den Hals jagt, weil man spätabends im Garten noch ein wenig feiert. Oder gar der Stasimitarbeiter im Freundeskreis, die feindliche Armee, die die Familie tötet und das Haus in Schutt und Asche legt. All diese Feinde musste ich im Gegensatz zu vielen anderen Menschen nie erleben.

Bei mir sind es nicht Menschen, die „wider mich aufstehen", sondern es sind meine inneren blinden Passagiere, meine Traumgespenster, meine Geisterbahnkasper und Grimassenschneider. Es sind die Stimmen, die ich mein Leben lang erfolgreich unter der Decke halten konnte. Die Stimmen, die schon immer gesagt haben: „Das geht bestimmt schief, was du da vorhast." Die gesagt haben: „So wird das nichts, das kann ich dir jetzt schon prophezeien." Die Stimmen in mir, die schon immer meine Selbstzweifel unterstützt und mein Selbstbewusstsein sabotiert haben. Ihren Ursprung haben diese Stimmen (ich nenne sie meine „Gollums") in sehr persönlichen Dingen, die nur mich etwas angehen und mit denen ich mich seitdem intensiv beschäftigt habe. Solange ich stark und voller Energie war, konnte ich gut mit meinen Gollums umgehen. Aber in dem Augenblick, als mein Tank leer war, oder anders ausgedrückt: als ich gemerkt habe, dass ich mit 50 nicht mehr die Kraft und Energie eines 35-Jährigen habe, da hatten die „Stimmen, die wider mich aufstanden", mit einem Mal eine ungeahnte Wirkmächtigkeit.

Und der Psalm beschreibt dieses Lebensgefühl während der Depression tatsächlich sehr zutreffend, dass ich da lebendig verschlungen werde, dass das Wasser haushoch über mich hinweggeht, dass Ströme über meine Seele hereinstürzen, denen ich in vollkommener Machtlosigkeit wie ein Spielball ausgeliefert bin. Dass ich lebendig verschlungen werde, so sehr verschlungen, dass sich das Lebendige in mir schon tot anfühlt. Und ich füge den Psalmworten hinzu: dass ich mich selber nicht mehr kenne.

Aber im Nachhinein, nun, da es mir Gott sei Dank wieder gut geht, lese ich auch den Konjunktiv: „Wäre" der Herr nicht bei uns. „Wäre!" Denn immer wieder machte ich die Erfahrung: Er ist ja doch da. Die ersten Monate waren ein Wechselbad aus dem Gefühl der Gottverlassenheit und dem hoffnungsvollen Sichstrecken nach den Gerüchen und Geräuschen und Gefühlen des Lebens. Dann, im Juli 2010, an einem Samstagabend, nach monatelanger Starre, erstmals wieder auf der Bühne zu stehen, von der Sympathie und dem Applaus des Publikums getragen zu werden. Aber dann doch wieder Sonntag früh, die innere Leere und Verzweiflung, so als ob der Abend vorher nie stattgefunden hätte. So als ob mir meine Gollums den Triumph meiner langsamen Genesung nicht gönnen würden.

Da war die Frage nach der möglichen Abwesenheit Gottes keine undenkbare Theorie – „Wäre der Herr nicht bei uns" – sondern es war reale Angst, dass er mich verlassen hat oder dass es einen Gott gar nicht gibt. Die Lieder von Paul Gerhardt, die Psalmen, an diesen Texten hielt ich mich wider den Augenschein fest, wie viele vor mir. Nicht, dass mir die Verse immer zuverlässig Trost gaben, sondern häufig waren sie eher wie Treibholz auf hoher See, in das ich mich hineingekrallt habe. Im Nachhinein betrachtet, war es dann doch eher eine Hand, die mich nicht losgelassen hat.

„Wäre der Herr nicht bei uns ...“ Aber er war es, er ist es und er wird es sein. Das sage ich nicht vollmundig, sondern eher vorsichtig und von einem Leben mit Brüchen und zurückbleibenden Narben und Traumata her. Nicht triumphalistisch, sondern eher bescheiden. Nicht wie einer, der am Ziel seiner Wallfahrt angekommen ist, sondern wie einer, der unterwegs ist, gerade noch mal dem „alten Drachen“ entkommen, unterwegs auf einer Straße mit vielen grandiosen und wunderschönen Ausblicken, aber auch mit Ecken und Biegungen, hinter denen die Räuber lauern können. Und ich sage das nicht wie einer, der nur an sich selber denkt und nun sagt: „Hauptsache ich, ich bin entronnen.“ Sondern ich sage das, in dem ich an all die denke – im Freundeskreis, in der Welt –, denen die Not immer noch die Luft zum Atmen raubt und den Boden unter den Füßen wegzieht, deren Leid ihre Kräfte übersteigt. Es gibt Momente, in denen ich Gott aus vollem Herzen lobe, und andere Momente, wo mir das Lob im Hals stecken bleibt.

„Gelobt sei der Herr, dass er uns nicht gibt zum Raub in ihre Zähne! Unsere Seele ist entronnen wie ein Vogel dem Netze des Vogelfängers; das Netz ist zerrissen, und wir sind frei.“

In dem Lied „Federn glassn“ habe ich versucht, dieses neue Gefühl der Freiheit auszudrücken:

di meisn schlodderd afm zweich
sie had grod federn glassn
die lieng etz underm kerscherbaam
di katz di ratzd im schaddn

aa iech hobb gmaand etz kärsd der katz
an schnabberer dann bisd hie
etz schdehi widder do und sing
mir ziddern nu di knie

Aber die Frage bleibt: Bin ich jetzt besser gewappnet für die nächsten oder gar letzten Abschnitte meiner Wallfahrt? Werde ich wieder auf die Feinde hereinfallen und mich von ihnen beeindrucken lassen? Auf meine Gollums und meine inneren Miesmacher? Werde ich den weiteren Weg besser meistern können? Und wie geht das?

Werden die Vögel unter dem Himmel – die Blaumeisen und Spatzen, die nicht säen und nicht ernten, und ihr himmlischer Vater ernährt sie –, wird auch der Liedermacher und Sänger wieder singen und sich nun nicht mehr sorgen? Oder werden sie angstvoll auf das Maul der nächsten Katze am Wegesrand warten und gelähmt sein von ihrer eigenen inneren Prophezeiung: „Du wirst schon noch sehen! Der Vogel, der in der Früh singt, den frisst am Abend die Katze." Werden die Wallfahrer nun entspannter und sorgloser wandern, nun, nachdem sie mit Haut und Haar und Federn Befreiung und Rettung erfahren haben?

Ich selber habe in den letzten eineinhalb Jahren viel über mich gelernt, vor allem in vielen Therapiegesprächen. Ich denke, dass mir auch Antidepressiva und angstlösend wirkende Medikamente geholfen haben. Ich bin dankbar für die Mitpatienten, vor denen es keine Schande war, beim Abendessen mal zu weinen, mit denen ich aber auch so viel gelacht habe, dass die Schwestern erschrocken zur Tür hereingeschaut haben, ob bei uns alles in Ordnung ist. Sie haben mir Mut gemacht, wenn ich Angst hatte. Sie wussten aber auch, wenn es besser war, zu schweigen, und wir haben uns gegenseitig in den Arm genommen, wenn einen wieder mal das Elend gepackt hat. Und die abendliche Schafkopfrunde hat uns manchmal von den Gollums und bösen Gedanken abgelenkt. Die Solidarität der Schwachen untereinander hat uns oft stark gemacht.

Aber das Wichtigste ist: Ich habe mühsam gelernt – und ich bin noch lange nicht am Ende dieses Prozesses –, meine Gollums anzuschauen. Meine heimlichen Grimassenschneider und blinden Passagiere, die sich in 50 Jahren bei mir unter Deck eingenistet haben. Habe gelernt, denen, die „wider uns aufstehen", ins Gesicht zu schauen. Nicht nur, um sie zu bekämpfen. Vielleicht wollen sie auch nur verstanden und an der Hand genommen werden, weil sie in Wirklichkeit ängstlicher sind, als ich selber es bin.

Das, was sich unter Deck eingenistet hat, anzuschauen, dazu muss man bereit sein, und billig und schnell und mit wenig Mühe und Schmerzen geht es auch nicht. Die blinden Passagiere schauen bei jedem anders aus. Bei mir sind es Selbstzweifel. Bei mir ist es auch das ständige Gefühl, vorangehen zu müssen und die Lasten lieber selber zu tragen, als sie gemeinsam auf mehrere Schultern zu verteilen. Es ist auch das Gefühl, dass ich von anderen kritisch betrachtet werde, dass andere nur auf meine Fehler warten, um sie mir zu präsentieren. Es ist auch meine Angst davor, anderen ein Nein entgegenzuhalten, abzusagen, nicht alle Wünsche zu erfüllen, die andere vermeintlich an mich herantragen. Es ist die Angst, dass andere zu mir sagen könnten, dass sie nun enttäuscht von mir sind.

Frag' ich mich: Von welcher aktuellen Realität werden diese Gollums gespeist?, so muss ich sagen: von keiner. Niemand hält mich für einen gemeinen Kerl, wenn ich „Nein" sage oder „Das möchte ich nicht". Niemand verlangt von mir, alles selber zu managen, zu führen, zu organisieren, außer ich selber. Niemand lauert auf meine Fehler, außer ich selber. Niemand verlangt von mir, dass ich auf unserer gemeinsamen Wallfahrt alles Gepäck trage wie ein Sherpa, auch noch den Weg weiß wie ein Pfadfinder und so lange durchhalte wie Reinhold Messner, wenn den anderen schon längst die Füße wehtun und die Puste ausgegangen ist. Niemand verlangt das von mir, außer ich selber. Und wenn ich nicht damit anfange und es auch ständig überprüfe, ob ich wirklich alles brauche, was ich oder andere mir in 50 Jahren in meinen Rucksack gelegt haben, dann wartet der nächste Burn-out hinter der nächsten Ecke. Niemand verlangt heute von mir, all diese Gewichte zu tragen, außer ich selber und meine Gollums und blinden Passagiere unter Deck.

Da predige ich jahrzehntelang als Pfarrer die frohe Botschaft von der Rechtfertigung allein aus Gnaden und bin doch mit der Zeit mein eigener Sklaventreiber geworden. Da erzähle ich in Hunderten von Predigten von Gottes bedingungsloser, unendlicher Liebe und habe doch im Lauf meines Lebens Verhaltensmuster entwickelt, die das Gelten dieser Liebe für mich selber ignorieren. Da singe ich sogar, Martin Luthers bekannten Satz umschreibend:

und der dokder in widdnberch
drinkd in aller ruh sei bier
und is evangelium
gehd derwall um ganzn globus rum

und vergesse doch, dass dieser Satz nicht nur schön pointiert ausgedrückt und obendrein noch theologisch richtig ist, sondern reinstes Evangelium für mich selber. Denn wenn die „Rechtfertigung allein aus Gnaden und ohne des Gesetzes Werke“ für uns keine für unser konkretes Leben relevante Bedeutung hat und wenn wir bei jedem „allein aus Gnaden“ ein „aber“ dahintersetzen, dann sind wir arme Christen, Prediger und Theologen.

Werde ich mich also in Zukunft nicht mehr von den Sorgen und Lasten zerfressen lassen? Weil ich hautnah erfahren habe, wie es sich anfühlt, im „Netze des Vogelfängers“ zu zappeln, und weil ich ihm nun entronnen bin? Werde ich als einmal Befreiter immer frei sein?

Ich denke, das ist die falsche Frage. Sie zielt schon wieder auf Morgen, wo doch die Vögel unter dem Himmel deshalb von Jesus gelobt werden, weil sie wissen, dass „der morgige Tag für das Seine sorgen“ wird und es genug ist, „dass ein jeglicher Tag seine eigene Plage“ (und ich füge hinzu „seine eigene Lust und Freude“) hat. Ich hoffe, dass der Schuss vor den Bug mit dem riesigen Einschussloch und den massiven Wassereinbrüchen, dass dieser Schuss bei mir dazu geführt hat, nun befreiter zu leben. Ohne dass ich nun ein Rezept weiß oder einen Ratgeber schreiben könnte. Ratschläge sind auch Schläge und helfen selten.

Ich verkneife mir, nun am Ende den letzten Vers des Psalms als Trostpflaster und als versöhnlichen Schluss oder gar als Ratschlag und Überlebensweisheit für alle Menschen in der Krise zu zitieren. „Unsere Hilfe steht im Namen des Herrn, der Himmel und Erde gemacht hat“, ist kein Aussagesatz über eine allgemeine Tatsache, die man halt für wahr halten muss, keine Lebensregel, die man unbezweifelt gelten lassen müsste, auch wenn es einem böse ergeht. Es ist eher ein Ausruf des Erstaunens aus dem Mund der Menschen, die dem Tod noch einmal von der Schippe gesprungen sind, aber deren Knie noch zittern. Oder ein Hilferuf eines Verzweifelten, der sich so fühlt, als hätte Gott ihn verlassen, aber sich dennoch an ihm festkrallt.

Wolfgang Buck, Liedermacher und Kabarett-Barde, ist bekannt für seine Texte im fränkischen Dialekt.

Vertrauen

Psalm 125
1 Ein Wallfahrtslied. Die auf den HERRN hoffen, werden nicht fallen, sondern ewig bleiben wie der Berg Zion.
2 Wie um Jerusalem Berge sind, so ist der HERR um sein Volk her von nun an bis in Ewigkeit.
3 Denn der Gottlosen Zepter wird nicht bleiben über dem Erbteil der Gerechten, damit die Gerechten ihre Hand nicht ausstrecken zur Ungerechtigkeit.
4 HERR, tu wohl den Guten und denen, die frommen Herzens sind.
5 Die aber abweichen auf ihre krummen Wege, wird der HERR dahinfahren lassen mit den Übeltätern. Friede sei über Israel!
(Luther 1984)

Christoph Zehendner

Ein Tag in der „Stadt, die den Frieden sehen wird"

Diesen beeindruckenden Tag in Israel werde ich nicht so schnell vergessen. Nach einer erholsamen Nacht in einem Hotel in der Nähe des Mittelmeers fahren wir zum ersten Mal nach Jerusalem, fahren wir „hoch" nach Jerusalem, wie die Israelis sagen. Dabei hat mir doch unser israelischer Reiseleiter Danny erklärt: Jerusalem liegt gerade einmal 800 Meter über dem Meeresspiegel, nur etwa so hoch wie Sonthofen und Garmisch-Partenkirchen. Kein Vergleich also mit anderen Städten der Welt, die in den Bergen liegen, kein Hauch von St. Moritz (1800 m) oder La Paz (4000 m). Mit dem Bus sind es nur ein paar Dutzend Kilometer hoch zu dieser Stadt, auf einer vierspurigen, gut ausgebauten Straße kommen wir leicht vorwärts. Je mehr wir uns der Stadt aber nähern (die sie die „Heilige“ nennen), desto mehr Arbeit muss Busfahrer Boris leisten. Leicht hinauf, leicht hinunter führt die Straße, hier eine lang gezogene Kurve um einen Hügel herum, dort ein etwas steileres Stück nach unten.

Immer dann, wenn wir auf einem höheren Punkt ankommen und den Blick schweifen lassen können, sehen wir links und rechts der Straße eine ganze Reihe von bebauten Hügelrücken, sehen Täler und Höhen, sehen eine wellige Landschaft im gleißend hellen Licht der Morgensonne.

Am Rande Jerusalems, in den Außenbezirken der Stadt, sind wir relativ schnell angekommen. Jetzt müssen wir uns noch mehr als eine halbe Stunde lang durch den Berufsverkehr in Richtung Innenstadt wühlen. Boris hat zum Glück Nerven wie Drahtseile, Danny nutzt die Zeit, um uns auf Sehenswürdigkeiten hinzuweisen – das Viertel der orthodoxen Juden Mea Shearim, das King-David-Hotel, die Mauer, die sich wie ein Ring um die Altstadt zieht.

Endlich stoppt Boris den Bus. In einer Nebenstraße steigen wir aus. Ruhig, friedlich, still scheint es uns hier, obwohl die weltberühmte Klagemauer, der umstrittene Felsendom, die Grabeskirche nur einige hundert Meter weiter die Touristen aus aller Welt anziehen.

Reiseleiter Danny weist uns auf den Hügelrücken hin, auf dem wir gerade stehen. Nicht der Rede wert, diese kleine Erhöhung. Wenige hundert Meter lang, höchstens achtzig bis hundert Meter breit. Ich kann es kaum glauben, dass auf diesen paar Quadratmetern einst die angeblich so prächtige Stadt Jerusalem thronte, die im Alten Testament so bejubelt wird. Genau hier – so haben die Archäologen entdeckt – stand einst die Stadt der Jebusiter, die David durch eine Kriegslist einnahm und die er ausbaute zur „Davidsstadt“, zu seinem Jerusalem. Nur einige hundert Familien hatten hier ihre kleinen Häuser – ein Bruchteil nur von den Hunderttausenden von Menschen, die heute in Jerusalem leben ...

Davids Jerusalem – das waren nicht mehr als ein paar Quadratmeter, umgeben von Hügeln, so weit das Auge reicht. Hinter den Hügeln Richtung Osten die Wüste, Richtung Westen allmählich abfallendes Gelände in Richtung Mittelmeer (von dort sind wir gerade hier hochgefahren).

Tatsächlich: Auf diesem unscheinbaren Hügelchen begann alles, von hier aus breitete sich Davids Stadt aus in Richtung des Hügels Zion, der dann später als Teil des Ganzen Sinnbild von ganz Jerusalem wurde, schließlich von ganz Israel.

Rom – so heißt es – wurde auf sieben Hügeln erbaut. Jerusalem aber – so sehen wir es vor unseren Augen – hat auf einem winzigen Hügel begonnen und breitet sich Stück für Stück weiter aus, auf schier unzähligen kleineren und größeren Hügeln rundherum.

Ein solcher Hügel ist der Berg Morija, auf dem Abraham fast seinen Sohn Isaak geopfert hätte und auf dem heute der Felsendom der Moslems steht (die wiederum diesen Hügel mit ihrem Propheten Mohammed in Verbindung bringen). Ein anderer ist Golgatha, der Hügel, auf dem der allmächtige Gott seinen Sohn nicht verschont hat. Und von noch einem anderen Hügel aus – dem sogenannten Ölberg – ließ Jesus seinen Blick über die Stadt schweifen, sah die Hügel ringsherum, sah den Tempel, den Palast, die Pracht – und fing an zu weinen, weil ihm die Menschen in ihrer Friedlosigkeit so leidtaten.

Wenn er heute dort stünde, der „Friedefürst“, dann hätte er noch immer viel Grund zum Weinen: Er könnte Hügel sehen, die heiß umkämpft waren im Unabhängigkeitskrieg, auf denen viel Blut floss, jüdisches wie arabisches. Er könnte Symbole von Macht und Ohnmacht entdecken auf diesen Hügeln, unübersehbare Zeichen von Unversöhnlichkeit und Trennung, von Hass und Friedlosigkeit.

Diese Stadt trägt ja einen poetisch schönen Namen: „Stadt, die den Frieden sehen wird", so etwa könnte man Jerusalem übersetzen. Dabei war die Stadt, zu der Jesus und viele seiner Zeitgenossen damals gepilgert sind und zu der auch wir uns aufgemacht haben, kaum je in ihrer Geschichte auch nur einigermaßen „friedlich". Ihre Geschichte ist durchzogen von Krieg und Unterdrückung, Zerstörung und Hass, Beleidigungen und Bomben.

Wie ein großes Symbol unserer zerstrittenen, friedlosen, unversöhnten Welt scheint mir diese Stadt. Sie trägt einen programmatischen Namen und erinnert damit an den Zustand, den jeder Mensch sich im Innersten ersehnt. Doch ihre Geschichte scheint, als wäre dieser Zustand nur eine ferne, weltfremde, unerreichbare Utopie.

Friedensverhandlungen hin, internationale Konferenzen her – die Streitigkeiten, Spannungen und Konflikte zwischen Israelis und Palästinensern führen (jedenfalls bisher) nicht zu Frieden, machen bestenfalls kurze „ruhigere" Phasen möglich, in denen die besonneneren Kräfte auf beiden Seiten versuchen können, Verständnis zu wecken und Brücken aufzubauen. Bis zum nächsten Bombenattentat oder zum nächsten Siedlungsbau, bis zur nächsten todbringenden Rakete oder der nächsten menschenverachtenden Durchsuchungsaktion.

„Ach, wenn sie doch erkennen könnten, was zum Frieden führt", seufzt Jesus und wischt sich die Tränen aus dem Gesicht.

Und vielleicht geht ihm – der sich doch so gut auskennt in den Heiligen Schriften seines Volkes – dieses alte Pilgerlied durch den Kopf, das er oft mit seinem Vater und den anderen Männern gesungen und so ganz nebenbei auswendig gelernt hat:

„Die auf den Herrn hoffen, werden nicht fallen, sondern bleiben wie der Berg Zion. Wie um Jerusalem Berge sind, so ist der Herr um sein Volk her von nun an bis in Ewigkeit!"

Zwei kleine Sätze mit drei gewaltigen Zusagen, die ich mir in einer stillen Stunde durchdenke – die Hügel rund um Jerusalem vor Augen, die Zerrissenheit dieser Stadt, des ganzen Landes, unserer gesamten Welt im Kopf und im Herzen:

1. Gott steht zu seinem Volk Israel

Politisch gesehen ist es unglaublich, schlicht unfassbar, dass es diesen Staat Israel mitten in einer ihn ablehnenden Welt überhaupt gibt, dass sich das jüdische Volk nach fast zwei Jahrtausenden in der Fremde hier wieder ein Stück Freiheit und Heimat erkämpft hat.

Ja, ich weiß auch um die Kehrseite der Medaille, um die brutalen Kämpfe, die Waffenlieferungen, das Blutvergießen, die politischen Tricks. Nein, ich verkläre die Geschichte Israels kein bisschen und nehme mir die Freiheit, Freunden in Israel gegenüber auch als Freund Dinge zu sagen, die mir sehr negativ aufstoßen in der heutigen Politik dieses Staates.

Und doch bleibe ich dabei: Es ist ein Wunder Gottes, dass es diesen Staat gibt, in dem Gottes Volk nach so langer Zerstreuung wieder eine Heimat gefunden hat. Natürlich sehe ich es auch: Israel ist heute nicht in erster Linie ein „Heiliges" Land, sondern ein moderner, säkularer Staat, dessen Einwohner sich so wenig um Gott scheren wie viele Menschen in unserer Gesellschaft auch.

Und doch ist für mich die Existenz Israels ein Beweis für das Handeln Gottes, der seine Zusagen einhält. Das sichtbare Zeichen: Gott ist treu.

So selbstverständlich, wie die Hügel eine Art natürliches Bollwerk rund um das Jerusalem Davids herum gebildet haben, so selbstverständlich wie diese Hügel auch nach Jahrtausenden an Ort und Stelle stehen (allen Bulldozer-Bewegungen und Straßenbauten zum Trotz), genauso selbstverständlich steht Gott treu und unbeirrt zu seinem Volk, obwohl ihm sicher nicht selten „zum Heulen" ist angesichts dessen, was er bei seinen Leuten beobachtet.

2. Gottes Treue gilt für immer

„Der Herr ist um sein Volk her von nun an bis in Ewigkeit." Von nun an – damit ist bei diesem Pilgerpsalm die Blütezeit des Tempels gemeint, also etwa die Zeit vor rund 3000 Jahren, vielleicht auch ein paar Jahrzehnte bzw. ein oder zwei Jahrhunderte später.

Seit damals und für alle Zeiten gilt: Der Herr ist um sein Volk her. Und deswegen haben die Auseinandersetzungen zwischen Israel und seinen Nachbarn, haben die seit Jahren andauernden und immer wieder stockenden Verhandlungen um die Golanhöhen zwischen Israel und Syrien immer auch eine geistliche Komponente, und darum sind auch die Auseinandersetzungen zwischen Israelis und Palästinensern immer auch eingebettet in diese „never ending love story" Gottes mit seinem Volk.

Das macht mir Mut für die Zukunft von Israelis und Palästinensern, auch wenn ich die Zuversicht verlieren könnte, wenn ich mir die hilflosen Bemühungen der internationalen Politik anschaue.

3. Gottes Treue gilt auch uns heute

Psalm 125, Vers 1: „Die auf den Herrn hoffen, werden nicht fallen, sondern ewig bleiben wie der Berg Zion." Ich habe mich mit eigenen Augen überzeugt: Der Zion steht noch. Es gab Krieg dort – am Zionstor sind bis heute Einschusslöcher aus der Zeit der Kämpfe um Jerusalem zu sehen. Doch der Zion steht. Und es ist gut möglich, dass es auch in Zukunft Kämpfe und Auseinandersetzungen um diese einzigartige Stadt geben wird. Doch es gilt: „Verlasst euch drauf, ihr, die ihr auf den Herrn hofft: Ihr werdet nicht fallen, ihr bleibt stehen wie der Hügel Zion."

Dieser Einstieg in das Pilgerlied ist eigentlich der Hammer schlechthin: All das, was ausgesagt wird über die nie endende Treue Gottes zu seinem Volk, all das gilt ganz genau so auch für Menschen, die „auf den Herrn hoffen", die sich ihm anvertrauen, die ganz auf ihn setzen, die von ihm ihr Leben bestimmen und gut führen lassen möchten. Erstaunlich persönlich, diese uralte Zusage. Jeder Mensch kann sie für sich in Anspruch nehmen: „Wie um Jerusalem Berge sind, so ist der Herr um Amelie her, um Tobias, um Kerstin, um Claudia, um Thomas, um ... von nun an bis in Ewigkeit!"

Oder um mit Kurt Marti zu formulieren: Wie die Berge Jerusalem bergen, so birgt der Herr seine Leute!

Nachdenklich, aufgewühlt und doch auch getröstet sitze ich auf einem großen Stein am Rande der einstigen „Davidsstadt". Diesem Gott vertrauen und erleben, dass seine Treue gilt, dass seine Nähe sich nicht abschrecken lässt (auch nicht von mir und meinen manchmal ziemlich schlechten und ziemlich „friedlosen“ Ideen), das will ich immer neu lernen und erleben.

Frieden wünsche ich mir, für mich und mein Leben. Und Frieden für diese einzigartige Stadt und das ganze Land Israel. Frieden, wie ihn nur der schenken kann, dessen Treue dieser Stadt gilt. Unerschütterlich und bis in alle Ewigkeit.

Und dann gehen mir noch ein paar Sätze aus einem anderen Pilgerlied durch den Kopf, dem 40. Psalm, und ich spreche sie halblaut vor mich hin: Groß ist der HERR und hoch zu rühmen in der Stadt unsres Gottes, auf seinem heiligen Berge. Schön ragt empor der Berg Zion, daran sich freut die ganze Welt ... die Stadt des großen Königs. Wie wir es gehört haben, so sehen wir es an der Stadt des HERRN Zebaoth, an der Stadt unsres Gottes: Gott erhält sie ewiglich. Ziehet um Zion herum und umschreitet es, zählt seine Türme; habt gut acht auf seine Mauern, durchwandert seine Paläste, dass ihr den Nachkommen davon erzählt: Wahrlich, das ist Gott, unser Gott für immer und ewig. Er ist‘s, der uns führet.

„Alle Mann herkommen, wir fahren weiter“, ruft Danny, und Boris lässt schon mal den schweren Motor an. Ich eile zum Bus, rufe beiden ein „Shalom“ zu, den hebräischen Friedensgruß. Und freue mich, dass auch sie mir „Shalom“ wünschen. Ich kann den Frieden Gottes gut gebrauchen!

Christoph Zehendner, Journalist, Theologe und Texter, ist Mitarbeiter der evangelischen Bruderschaft „Christusträger“ im Kloster Triefenstein/Main (Unterfranken). Neben seinem Beruf schreibt er Lieder, gibt Konzerte und ist zu Gottesdiensten, Referaten, Moderationen unterwegs.

Vorfreude

Psalm 126

1 Ein Wallfahrtslied. Wenn der HERR die Gefangenen Zions erlösen wird, so werden wir sein wie die Träumenden.
2 Dann wird unser Mund voll Lachens und unsre Zunge voll Rühmens sein. Dann wird man sagen unter den Heiden: Der HERR hat Großes an ihnen getan!
3 Der HERR hat Großes an uns getan; des sind wir fröhlich.
4 HERR, bringe zurück unsre Gefangenen, wie du die Bäche wiederbringst im Südland.
5 Die mit Tränen säen, werden mit Freuden ernten.
6 Sie gehen hin und weinen und streuen ihren Samen und kommen mit Freuden und bringen ihre Garben.
(Luther 1984)

Susanne Breit-Keßler

„Vorfreude ist die schönste Freude", sagt man und meint damit, dass die Hoffnung auf Zukünftiges manchmal wundervoller ist als das erwartete Ereignis selbst. Ich finde, Vorfreude verlängert einfach all das, was einem im Leben geschenkt wird. Was wäre ein Geburtstag, ein Weihnachtsfest, eine Hochzeit ohne Vorfreude? Es ist einfach herrlich, sich auszumalen, was alles sein wird: Essen und Trinken, nette Leute, Geschenke, Tanz, Gespräche, Lachen und Tränen der Rührung, Überraschungen, ein stimmungsvoller Gottesdienst mit mitreißender Musik. Wer einen Urlaub plant, hat faule Zeiten am Meer, in den Bergen vor Augen, mit massenhaft Büchern und endlich ausreichend Schlaf. Ein Wiedersehen steht an – da denkt man an die Rose in der Hand, das plötzlich auftauchende Gesicht in der Menge, die atemlose Umarmung ... Ohne Vorfreude gibt es keine wirkliche Freude.

Und wenn es einem schlecht geht wie den Israeliten, die im Psalm die „Gefangenen Zions" genannt werden, dann stellt man sich vor, man erträumt sich, wie es sein könnte, wenn das Elend um einen herum, die Misere, die einen betroffen hat, endlich zu Ende ist. Wenn es wieder Grund zur Freude gibt, wenn die Tränensaat zu fröhlicher Ernte wird. Aus solcher Art von Vorfreude erwächst innere Kraft, man bekommt Power, die manchmal schwere Gegenwart zu bewältigen und auf eine hoffnungsvolle Zukunft zuzusteuern. Der christliche Glaube ist Vertrauen auf den Gott, mit dem Menschen ihre Geschichte erleben, mit dem sie Gegenwart erfahren und bei dem sie ihre Geschichte auf Zukunft hin aufgehoben wissen. Es ist ein erinnernder und dynamischer Glaube, der sich weiterentwickelt und neue Erfahrungen aufnimmt und gerade so dem lebendigen Gott treu bleibt. Vorfreude ist Hoffnung auf gute Zeiten.

Deshalb erhoffen die meisten Menschen etwas für die Zukunft. Jemand, der krank ist, hofft, dass er wieder gesund wird. Wer unter Hektik leidet, hofft auf Ruhe; Kinder hoffen auf Geschenke, Schüler auf gute Noten. Wer keine Arbeit hat, hofft, dass er bald wieder neue, sinnvolle Aufgaben bekommt. Wer mitten in einer Ehekrise steckt oder allein ist, hofft auf Liebe oder wenigstens die Freundschaft eines anderen Menschen. Wohl jeder hofft, dass vielleicht noch zurechtgerückt werden kann, was privat und beruflich in Unordnung geraten ist. Ganze Gesellschaften und Völker, die unter Willkürherrschaft leiden, hoffen auf Frieden, Freiheit und Gerechtigkeit. Hoffen ist menschlich. Hoffen ist nicht bloß normal, sondern auch notwendig – für jeden und jede von uns. Ohne Hoffnung würden wir jeden Schwung verlieren, uns ängstigen oder gar verzweifeln. „Leben ohne Hoffnung wäre wie ein Vogel ohne Schwingen ...“, hat ein Politiker aus dem vergangenen Jahrhundert gesagt.

Es ist eben so: Wir leben ausnahmslos alle davon, nicht allzu schwarz zu sehen, sondern hier und da einen hellen Farbtupfer zu erwarten – Materialisten genauso wie idealistische Menschen, Skeptiker ebenso wie Unbekümmerte.

Der Psalm 126 – ein Wallfahrtspsalm – ist ein Lied, das die Zukunft nicht mit bunten Klecksen versieht, sondern in leuchtenden Farben malt. Für Menschen, die sich mit Hoffnung und Vorfreude eher schwertun und für solche, die sie dringend nötig haben. Das Volk lebt in der Verbannung, weit weg von zu Hause. Eine ausländische Macht hat Israel unterworfen, verschleppt in ungewohnte Gegend. Jeder und jede fühlt sich fremdbestimmt. Jahre gehen dahin; Lebenszeit verstreicht. Das Interesse an allem, was rundherum geschieht, erlischt allmählich. Hoffnung – wen wundert's – erlahmt. Das „anything goes“, alles geht, verwandelt sich in ein „rien ne va plus“.

Nichts geht mehr, schon gar nicht vorwärts. Was für ein ganzes Volk gilt, gilt für den Einzelnen erst recht: Ist die Seele angeschlagen, weil sie keine Heimat hat, der geliebte Mensch gegangen, die vertraute Beziehung zerbrochen, hat berufliches Ein- und Fortkommen sich in Schall und Rauch aufgelöst, ist der Körper von vielerlei Strapazen angegriffen, dann sind Hände müde, Beine tragen nicht mehr weit. Man fühlt sich schlapp und schwach. Diese Stimmung hat ihr Recht. Kein Mensch kann zu allen Zeiten fröhlich und quicklebendig sein. Wem die Hände zittern und die Knie schlottern, wer kraftlos im Sessel hängt, dem hilft kein martialisches „Reiß dich doch zusammen, Menschenskind". Weder Depression noch Mutlosigkeit lassen sich durch Befehle besiegen. Schlimmstenfalls reißt einen der durch preußische Erziehung antrainierte ‚eiserne Wille' eine Zeitlang durch die Verzweiflung.

Aber irgendwann erfolgt der Zusammenbruch der gewohnten Routine. Selbst richtig kluge Sätze nützen nichts, wenn fehlende Zukunft die Seele auffrisst. Höflich ist umschrieben, wenn da einer sagt, man sei wenig motiviert. Wozu auch: Mann und Frau haben oft genug Grund im Leben, alles sein und sich selber fallen zu lassen. Nur zu. Nur wie lange ... Muss das ewig so gehen? Der Psalm malt mit Worten ein Bild. Alles in Farbe statt in existentialistischem Schwarz. Der Psalm ist wie gute Seelsorge: Er malt Wege im Dschungel der Gefühle, Wasser in der einsamen Wüste, Pflanzen, wo alles abgebrochen und herausgerissen war. Es ist sicher, was er vor Augen führt. Keine Macht der Welt kann den göttlichen Willen zum Leben ausrotten, kein wildes Tier in der eigenen Brust kann ihn des Nachts oder am Tag endgültig zerreißen und zerfetzen.

Immer wieder wird es wenigstens einen Trampelpfad geben, ein verheißungsvolles unterirdisches Gluckern und Glucksen, einen winzig zarten Keimling auf scheinbar unfruchtbarer Erde. „Ich will leben, und ihr sollt auch leben", sagt Jesus. Gegen diese Worte der Hoffnung, der Vorfreude, haben manche von einer bloßen Fata Morgana gesprochen, einem einschläfernden Opium fürs Volk oder, wie Heine sagte, dem „Eiapopeia vom Himmel". Nichts von diesen Einwänden stimmt. Sie gehen an der Wirklichkeit vorbei. Denn nur mit Bildern der Hoffnung bewegt sich etwas. Man muss den Mut haben, zu träumen, um kräftig kämpfen zu können. Wenn wir uns nur auf das konzentrieren oder fixieren, was wir vor Augen haben, dann finden wir uns je nach Charakter gleichgültig, verdrossen oder apathisch mit den Dingen ab, wie sie nun einmal sind. Ohne Vorfreude bewegt sich gar nichts.

Selbst kommunistische Ideologien sind nie ohne Ziele ausgekommen, die in der Zukunft lagen. Eines ihrer Probleme war allerdings, dass diese Ziele mit einem enormen Zwang verbunden waren. Was der Psalm vor Augen malt, hat nicht mit Druck, mit Unterdrückung, sondern mit Gottvertrauen zu tun. Wer das hat, der holt daraus den langen Atem der Geduld, hält durch und bleibt in Bewegung. „I have a dream", hat Martin Luther King gesagt, der amerikanische Vorkämpfer für Frieden und Gleichberechtigung unter den Völkern. Sein Traum war es, dass Söhne und Töchter früherer Sklaven und Sklavenhalter wie Geschwister miteinander an einem Tisch sitzen. Er hat davon geträumt und sich darauf gefreut, dass „kleine schwarze Jungen und Mädchen die Hände von kleinen weißen Jungen und Mädchen schütteln". Ein Traum, eine Vorfreude, die zur Wirklichkeit wurde.

Den Mut zu diesem Traum, der am Leben erhält, selbst wenn man stirbt, den hat Martin Luther King aus biblischen Bildern und Visionen genommen. Er hat an den Problemen seiner Gegenwart unermüdlich mitgearbeitet und ist auf völlig gewaltlose Weise für die Gleichberechtigung von Schwarz und Weiß eingetreten. Und obwohl er ermordet wurde in seinem unblutigen Kampf, bemühen sich seine Nachfolger und Freunde genauso wie er darum, biblische Bilder zu verwirklichen. Es ist richtig, auf diese Bilder zu vertrauen. Umgekehrt rächt es sich, wenn man ihnen keinen Glauben schenkt. Ein

Mann, eine Frau, die nicht an die Zukunft ihrer Partnerschaft glauben, die nur die Tränensaat sehen kann, wird sich auch kaum dafür einsetzen oder etwas dafür wagen – anders als jemand, der darauf hofft, dass ihm in seiner Beziehung wieder neues Glück beschieden sein könnte.

Wer schon bei dem Wort Genesung abwinkt, der kann in sich keine Kräfte mobilisieren, die dazu beitragen könnten. Man kann nicht Arbeitslosigkeit beklagen, aber keine Vision, keine Ideen entwickeln, um sie zu bekämpfen. Ich weiß wohl, dass es keine Garantie dafür gibt, dass sich Träume erfüllen und Hoffnungen wahr werden, dass der Mund wieder voll Lachens und die Zunge voll Rühmens ist. Wir leben auf Erden und nicht im Himmel. Scheitern, Fehlschläge gehören zu unserem Leben dazu. Wer aber Träume unterdrückt, Hoffnungen und Vorfreude solange verhindert, bis sie tatsächlich unmöglich geworden sind, der trampelt alles an Gott gegebenen Möglichkeiten kaputt. Wünschen, träumen, hoffen und glauben, sich vor-freuen: Davon leben wir als Einzelne, in unseren Ehen, Partnerschaften und Familien, in unserer Kirche. Träume für eine menschliche Gesellschaft bewegen uns vor Ort und global. Davon leben wir jetzt und hier, an jedem neuen Tag.

Wir leben davon, dass es sie gibt: Zunächst noch ungeahnte Möglichkeiten und Chancen, sich und die Verhältnisse zu ändern, zum Besseren zu wenden. Wer das für unmöglich hält, der straft sich selber damit. Das fängt schon im Kleinen an, wenn man sich immer nur das Allerschlimmste ausmalt, sich den wildesten Ängsten hingibt – um dann irgendwann zu merken, dass man so kostbare Lebenszeit vertan hat. Wem es schwerfällt, zu vertrauen, wer nicht hoffen kann und keine

Träume mehr hat, wer Vorfreude für sinnlos hält, der kann eines versuchen: Sich einen anderen Menschen suchen, der ihm von seiner Hoffnung und Vorfreude auf Kommendes erzählt, von dem, was er damit erlebt hat. Der kann eine Hand ergreifen, die ihm entgegengestreckt wird, damit man gemeinsam gehen kann und irgendwann vielleicht wieder selber wie ein tanzender Träumer ist.

Wem Hören und Sehen vergangen ist, der sollte auf andere lauschen und eine Zeit lang mit ihren Augen schauen; wer wankt, kann einen suchen, der ihn stützt; wer sich wie in der Wüste fühlt, kann andere aufsuchen, die eine Oase sind. Im Advent und an Weihnachten erzählen wir davon, dass Gott uns mit dem Kind in der Krippe hautnah kommt. Nicht bloß bei unseren Hochgefühlen und großartigen Stimmungen, sondern auch dann, wenn wir ganz unten sind. Ich glaube, dass wir deshalb einander auch auf den Pelz rücken dürfen, wenn wir uns brauchen. Es ist keine Sünde und Schande, in manchen Zeiten im wahrsten Sinne des Wortes hoffnungslos zu sein. Es ist aber jammerschade, es zu bleiben, wenn der Psalm verheißt: „Dann wird man sagen: Der Herr hat Großes an uns getan!" „I have a dream" – Menschen, die träumen, halten ihr Leben und diese Welt nicht für unverbesserlich schlecht, sondern glauben an die Wendung zum Besseren.

Übrigens: Es ist kein Zufall, dass Hoffnung und Vorfreude in einem Psalm, in einem Lied ausgedrückt sind. Musik löst den Krampf des Lebens, verschafft dem Verstand Erholung und regt die Gedanken neu an. Jede Musik hat ihre Zeit, ihren Augenblick, zu dem sie am besten passt. Manch einer oder eine sucht sich zum Weinen ein Stück von Wagner aus, das Siegfried-Idyll etwa, oder einen Schlager von Hansi Hinterseer und lacht am liebsten bei Mozart oder Andrew Lloyd Webber. Wenn ich mich ärgere, dann höre ich mir Rachmaninow oder Liszt an, manchmal auch ein richtiges Hard-Rock-Stück, und der Ärger löst sich leichter von der Seele. Es ist verständlich, wenn jemand in beschwingter Laune keine Lust auf dramatische Symphonien hat und umgekehrt: Ein trauriger Mensch ist vermutlich für heiter-pralle Trompetenklänge kaum empfänglich.

Ist Musik zart, passt sie zu sensiblen Momenten; ist sie wuchtig, entspricht sie Augenblicken voller Energie. Unser Glaube ist kein harmloses Tralala und Hopsassa, von ein bisschen Frieden, ein bisschen Liebe und einem oberflächlichen, zeitgeistlichen „Get happy" – „Werde glücklich" – durchzogen. Der christliche Glaube hat einen klaren, hoffnungsvollen Grundton. Wenn dieser Grundton privates, soziales und politisches Leben bestimmt, dann sorgt er für Harmonie, wörtlich für „wohltönenden Zusammenklang". So erzählt das Alte Testament vom triumphalen Lobgesang des Mose, seiner Schwester Miriam und der Israeliten, nachdem Gott sie sicher durch das Schilfmeer geführt hatte. „Der Herr ist meine Stärke und mein Lobgesang und ist mein Heil. Das ist mein Gott, ich will ihn preisen, er ist meines Vaters Gott, ich will ihn erheben." (2. Mose 15,2)

Ein kraftvolles Lied, das auf gute Erfahrungen zurückblickt und sie als Ermunterung für die Zukunft versteht. Debora, eine alttestamentliche Prophetin und Richterin, singt gemeinsam mit ihrem Kollegen Barak ein Siegeslied, als es ihnen gelungen ist, einen feindlichen Feldherrn zu vernichten. „Höret, ihr Könige, und merket auf, ihr Fürsten! Ich will singen, dem Herrn will ich singen, dem Herrn, dem Gott Israels will ich spielen.“ (Richter 5,3) Wir sind heute zu Recht skeptisch bei der Verbindung von Glaube und Krieg. Man kann das Debora-Lied für uns so deuten: Ein Feind ist bezwungen, etwas, was einen innerlich kaputtmachen wollte, und dann ist es dran – ein Begeisterungsschrei, ein jubelndes „Gott sei Dank!“. Nach jährlichen Kontrolluntersuchungen etwa, wenn die Ergebnisse sagen: Du bist gottlob gesund. Oder dann, wenn man eigene geistige Enge und die anderer überwunden hat.

Israelitische Frauen singen, tanzen und musizieren vor Begeisterung, nachdem David den Riesen Goliath und die Philister in ihre Schranken verwiesen hat. Bei der Rückkehr der Bundeslade, dem Allerheiligsten, wird genauso gesungen wie bei der Einweihung des Tempels. Ein Mann ist es hier, David, der zum Missfallen seiner Frau allen Emotionen freien Lauf lässt. Der reiche Schatz an alter und neuer Musik, die wir haben, wehrt der Monotonie des Alltags und sorgt für beschwingte Stimmung, auch für Vorfreude. Musik setzt Akzente in Dur und in Moll, mit einem oder mehreren vorgezeichneten Kreuzen – so, wie das Leben spielt. Musik setzt in Bewegung. Christliche Existenz hat nichts mit weltabgeschiedener Betulichkeit, sondern mit einem nachdenklichen und sorgfältigen Einsatz für Gottes Welt und seine Menschen zu tun.

Wenn Männer und Frauen sich nicht fürchten, weil sie wissen, dass Gott ihre Stärke ist, dann sollten sie das wissen und erfahren: Der christliche Glaube verbindet einen wachen Sinn für die Wirklichkeit mit fester Überzeugung. Der Überzeugung, dass wir mit Gottes Hilfe immer wieder Grenzen überwinden – dass wir vielleicht mit Tränen säen, aber mit Freuden ernten. Der heilsamen Wirkung von Musik bedienen sich viele Therapeuten. Martin Luther hat sich oft dazu geäußert, auf welche Weise Musik einem Menschen zu mehr Lebensfreude verhilft. „Eine der schönsten und herrlichsten Gaben Gottes", so sagte er einmal bei Tisch, „ist die Musica. Der ist der Satan sehr feind, damit man viel Anfechtung und böse Gedanken vertreibet ... Sie verjagt den Geist der Traurigkeit ... ist das beste Labsal einem betrübten Menschen, dadurch das Herze wieder zufrieden, erquickt und erfrischt wird ..."

Warum also nicht mit Musik sich auf etwas besinnen, voller Vorfreude sich konzentrieren auf Klänge, die einen wieder heiter, fröhlich und lebhaft machen? In der Bibel gehören Wein und Schlaf, Musik und Gesang untrennbar zum Leben dazu, zum Leben mit all seinen freudigen Höhepunkten und den schmerzlichen Tiefschlägen. In Hoffnung und Vorfreude kann man nach Herzenslust Oboe, Klarinette, Geige, Klavier oder Orgel spielen oder zu Technoklängen um den Altar tanzen. Gott stört es sicher nicht. Unser Herr ist kein Gott der Einfalt, sondern der Vielfalt. Das Volk Israel drückt Vorfreude in einem Lied aus, dass auch dann noch gesungen wird, wenn die Vorfreude längst beglückende Realität geworden ist. Die Gefangenschaft hat ein Ende, die Saat der Hoffnung ist nach vielen geweinten Tränen großartig aufgegangen. Es gibt Grund, zu tanzen und zu singen.

Es ist schon so: Wer mit starkem Rückenwind aus dem Reich der göttlichen Fantasie rechnet, wer es wagt, sich „vorzufreuen", der betrachtet das Leben aus einem neuen Blickwinkel heraus, spürt frische Energie und fasst wieder Mut. Wo zuvor die Ketten der eigenen Nacht einen gefesselt und gefangen gehalten haben, wird neue Freiheit sein, wie der Psalm sagt, da wird gelacht und fröhlich geplappert. Es ist notwendig, Not wendend, solche Bilder in sich aufsteigen und leben zu lassen, sich von ihnen voll hoffnungsvoller Vorfreude durchdringen zu lassen. Dazu braucht es manchmal Zeit und Geduld. Mit gutem Grund empfehlen Psychologen und Seelsorgende, sich gelegentlich auf eine Fantasiereise zu begeben, zu schauen und zu staunen, was das eigene Innere an heilsamen Visionen in sich trägt. Tag- oder Wachträume sind so wichtig wie die unterbewussten Träume im Dunkeln.

Im Wachzustand kann man sich ausführlich, ‚ausschweifend', Ereignisse ausmalen, die wohltun, die man voll Vorfreude herbeisehnt. Solange ein Mensch bereit ist, auf die Sprache Gottes in seinen Träumen zu hören, Botschaften zu entschlüsseln, die in den Bildern seiner Seele verborgen sind, solange ist alles möglich. Träume zeigen, was Mann und Frau selber dafür tun müssen, damit Wünsche und Sehnsüchte Wirklichkeit werden. Aus vorfreudigen Fantasien kommt die Kraft, sich Vergangenheit und Gegenwart zu stellen. Aus ihnen kommt die Energie, mit der Wirklichkeit, mit Aufgaben, Konflikten und Möglichkeiten umzugehen. Vorfreude verändert die Einstellung zur Realität, kann Hinweise geben, was zu tun oder auch zu lassen ist. Hoffen, träumen Sie, freuen Sie sich vorab, und erleben Sie, dass „bei Gott kein Ding unmöglich ist" (Lukas 1,37).

Susanne Breit-Keßler, Jahrgang 1954, ist Oberkirchenrätin und Regionalbischöfin für München und Oberbayern.

Unterwegs sein

Psalm 127

1 Von Salomo, ein Wallfahrtslied. Wenn der HERR nicht das Haus baut, so arbeiten umsonst, die daran bauen. Wenn der HERR nicht die Stadt behütet, so wacht der Wächter umsonst.
2 Es ist umsonst, dass ihr früh aufsteht und hernach lange sitzet und esset euer Brot mit Sorgen; denn seinen Freunden gibt er es im Schlaf.
3 Siehe, Kinder sind eine Gabe des HERRN, und Leibesfrucht ist ein Geschenk.
4 Wie Pfeile in der Hand eines Starken, so sind die Söhne der Jugendzeit.
5 Wohl dem, der seinen Köcher mit ihnen gefüllt hat! Sie werden nicht zuschanden, wenn sie mit ihren Feinden verhandeln im Tor.

(Luther 1984)

Detlef Lienau

Am Anfang war das Unterwegssein. Unsere Vorfahren im Glauben waren Nomaden. Adam und Eva verloren die Heimat des Paradieses und mussten hinaus in die raue Welt. Kain erschlug Abel und wurde verbannt – wenngleich mit dem Kainsmal, Gottes Schutzzeichen, das auch heute jeder Asylant begehren würde. Abraham verlässt auf Gottes Wort hin im Vertrauen seine Heimat und folgt dem Ruf zu neuen Ufern. Das ganze Volk Israel flieht die gewohnte Sklaverei und traut sich den Exodus, den Weg in die Freiheit. Am Anfang war das Unterwegssein. Unser Glaube ist wie kein anderer geprägt durch die Erfahrung, immer auf dem Weg zu sein.

Nicht anders Gott selbst: Er lebt im Zelt, dem Zeichen der Mobilität, des Vorüber-Gehens. Das ist ihm wichtig, keine bloße Notlösung. Sein Zelt verteidigt er gegen alle gut gemeinten Vorhaben der Menschen, ihm endlich einen Tempel aus Stein und ein stabiles Dach über den Kopf zu bauen: „Solltest du mir ein Haus bauen, dass ich darin wohne? Habe ich doch in keinem Haus gewohnt seit dem Tag, da ich die Israeliten aus Ägypten führte, bis auf diesen Tag, sondern bin umhergezogen in einem Zelt als Wohnung." (2 Sam 7, 5–6) Gott will sich nicht festlegen lassen, er will beweglich bleiben. Er will bei denen sein, die selbst unterwegs sind, bei den Opfern, die verschleppt werden in das babylonische Exil. Er will den rauen Alltag der umherziehenden Hirten teilen, die von den Landbesitzern hin und her gestoßen werden. Er will bei denen sein, die sich nicht einrichten und zufrieden geben mit dem, was sie haben, sondern das Risiko des Aufbruchs wagen. Weder Bequemlichkeit noch Sicherheit sind Gottes Markenzeichen, sondern Loslassen und Aufbruch.

Wer sich auf diesen Gott verlässt, wird selbst zum Nomaden: „Durch den Glauben wurde Abraham gehorsam, als er berufen wurde, in ein Land zu ziehen, das er erben sollte; und er zog aus und wusste nicht, wo er hinkäme. Durch den Glauben ist er ein Fremdling gewesen in dem verheißenen Lande wie in einem fremden und wohnte in Zelten." (Hebr. 11, 8–9) Abrahams Glaube, sein Vertrauen fordert ihn heraus – im doppelten Sinne: heraus aus dem Vertrauten, irgendwohin, ohne dass er wüsste, was ihn erwartet. Eine anstrengende Herausforderung ist sein Vertrauen, weil ihm alles genommen wird – Heimat, Hab und Gut, Mitmenschen und fruchtbare Wiesen.

Aber sein Mut, diese Herausforderung anzunehmen, wird nicht belohnt: Am Ende seiner Reise ins Ungewisse wartet nicht das große Los auf ihn, das Land, wo Milch und Honig fließen. So einfach ist diese Geschichte nicht gestrickt. Abraham kommt im verheißenen Land an – und trotzdem kann er sich nicht in einem richtigen Haus niederlassen, er muss auch dort im Zelt umherziehen.

Jeder normale Mensch wäre enttäuscht und würde auf Gott schimpfen: „Ich habe so viel riskiert, alles für dich gegeben – aber du hast mein Vorschussvertrauen ausgenutzt. Jedem werde ich abraten, sich mit dir einzulassen."

Ob Abraham manchmal auch so empfunden hat, weiß ich nicht. Aber etwas anderes hat sich bei ihm durchgesetzt: „Denn er wartete auf die Stadt, die einen festen Grund hat, deren Baumeister und Schöpfer Gott ist. ... Er hat das Verheißene nicht erlangt, sondern nur von Ferne gesehen und gegrüßt und hat bekannt, dass er ein Gast und Fremdling auf Erden ist. Wenn er aber solches sagt, gibt er zu verstehen, dass er ein Vaterland sucht. Und wenn er das Land gemeint hätte, von dem er ausgezogen war, hätte er ja Zeit gehabt, wieder umzukehren. Nun aber sehnen sie sich nach einem besseren Vaterland, nämlich dem himmlischen." (Hebr. 11, 10.13–16)

Abraham hat in der Zeit seiner Wüstenwanderung gelernt, mit weitem Horizont zu denken: Gottes Weg mit ihm zielt auf die große Erfüllung. Gott geht es um mehr als bessere Weiden und angenehmere Lebensumstände. Ihm geht es um das himmlische Vaterland, die ewige Heimat, den absoluten Grund, der alles Konkrete trägt. Dieses Ziel ist so groß, dass es im Hier und Jetzt nicht zu erreichen ist, es liegt bleibend voraus: „Denn wir haben hier keine bleibende Stadt, sondern die zukünftige haben wir." (Hebr. 13, 14) Abraham hat gelernt: Es gibt Ziele, die wir – zumindest im Diesseits – nie erreichen werden. Abraham bleibt Pilger, lebenslang. Es gibt kein Ankommen und Fertigsein, er ist und bleibt unterwegs.

Eine Zumutung ist das. Und Abraham lässt sich das nur zumuten, weil Gott sich das selber zumutet. Auch Gott wohnt ja im Zelt, mutet sich das Unterwegssein zu, um offen zu bleiben für die Lebenswege seines Volkes. Das Neue ist ihm wichtiger als das, was schon immer so war: das Mögliche mehr als das Tatsächliche, das Zukünftige mehr als die Vergangenheit, das Bewegliche mehr als das Stabile. So wird das Unterwegssein zum Kennzeichen unseres Glaubens.

Das müssen wir im Hinterkopf haben, wenn wir den Beginn von Psalm 127 lesen: „Wenn der Herr nicht das Haus baut, so bauen umsonst, die daran bauen. Wenn der Herr nicht die Stadt behütet, so wacht der Wächter umsonst." Haus und Stadt, Symbole der Stabilität, stehen biblisch unter einem kritischen Vorbehalt. Wer ein Haus baut, sagt: „Hier bleibe ich, hier schlage ich Wurzeln. Ich gebe mich mit dem Hier zufrieden und suche kein Dort mehr. Ich bleibe, statt zu suchen." Wer seine Stadt bewacht, möchte festhalten, was er hat. Da weht ein ganz anderer Wind als bei Abrahams Aufbruch und beim Gott im Zelt.

Loslassen scheint uns Menschen schwerzufallen. Nur so kann ich mir das dreifache „umsonst" des Psalms erklären: Als wolle, als müsse es uns der Psalm einhämmern: Es ist vergeblich, es führt zu nichts. Penetrant wiederholt es der Psalm, hämmert es uns ein, als gebe es ein automatisches Gefälle in die Gegenrichtung, gegen die er uns mühsam drängen müsste. Dem Psalm traue ich viel Lebenserfahrung zu: Ich kenne von mir selbst das Bestreben, mich zu schützen, dem Erreichten ein festes Dach über den Kopf zu setzen. Ich weiß auch, wie viel Ängstlichkeit dahintersteckt und wie schön es sein kann, sie zu überwinden. Nur weil ich dem Psalm Weisheit zutraue, kann ich sein mahnendes „umsonst“ annehmen.

„Wenn ihr unbedingt ein festes Haus bauen wollt, dann lasst mich nicht außen vor“, so höre ich Gott durch die Worte des Psalms. Als ob er unseren Wunsch nach Ruhe und Sicherheit nur zu gut nachvollziehen kann: „Meinetwegen baut ein Haus, ich verstehe, dass ihr ein Dach über dem Kopf und Wände zum Schutz haben wollt. Aber baut dieses Haus nicht ohne mich, weil ihm dann etwas Entscheidendes fehlt. Ich will für offene Fenster sorgen und weite Türen. Damit Licht in die Wohnung kommt und Besuch, der weite Horizont des Himmels und die Irritation des Fremden. Vergiss über deinem ‚Schaffe, schaffe, Häusle baue‘ nicht, offen zu bleiben. Behalte die Lust zum Neuen, und traue dir das Risiko des Unübersehbaren zu. Lege dann und wann dein Werkzeug zur Seite, vergiss vor lauter Aktivität nicht, innezuhalten und wahrzunehmen. Schau, was ich dir schon alles geschenkt habe: Es ist umsonst, dass ihr früh aufsteht und hernach lange sitzet und esset euer Brot mit Sorgen; denn seinen Freunden gibt es der Herr im Schlaf. Lege dein Leben aus der Hand. Verzichte darauf, alles im Griff haben zu wollen. Gib die Selbstbeherrschung auf – es kann dir so mehr zuwachsen, als was du dir selber geben und schaffen könntest.“

Die beiden ersten Verse von Psalm 127 zeigen: Umsonst ist es, sein Leben selbst sichern zu wollen, sei es durch feste Mauern, sei es durch unermüdliches Arbeiten. Sein Leben aus der Hand zu geben kann Aktivität sein, wie im Umherziehen Abrahams. Es kann auch Passivität sein, wie das Schlafen, in dem ein Traum uns mehr Orientierung gibt als alles Nachdenken. Baue dein Haus, bewache deine Stadt, steh auf und arbeite – und genauso lasse einen Spalt offen für das unerwartete Kommen Gottes, lege dich zur Ruhe, damit Gott Raum nehmen kann.

Offen zu sein für das, was kommt – mit diesem Gedanken kann ich auch die zweite Hälfte des Psalms gut anbinden, die auf den ersten Blick zum ersten Teil überhaupt nicht passen will. „Kinder sind eine Gabe des Herrn" – die nachwachsende Generation ist das Kommende. Sie bringen mir Zukunft in die Gegenwart. Ich will versuchen, mich diesem Neuen zu stellen und ihm Raum zum Entfalten zu geben. Von der Schwangerschaft heißt es zu Recht, „guter Hoffnung zu sein". Erwartungsfroh mich darauf einlassen, was mir geschenkt wird.

Der Vorbehalt gegen alles Undurchlässige findet sich auch im Evangelischen Gesangbuch (EG 428: „Komm in unsre stolze Welt"): In der dritten Strophe heißt es: „Komm in unsre laute Stadt, Herr, mit deines Schweigens Mitte, dass, wer keinen Mut mehr hat, sich von dir die Kraft erbitte für den Weg durch Lärm und Streit hin zu deiner Ewigkeit." Und in Strophe vier lesen wir: „Komm in unser festes Haus, der du nackt und ungeborgen. Mach ein leichtes Zelt daraus, das uns deckt kaum bis zum Morgen: denn, wer sicher wohnt, vergisst, dass er auf dem Weg noch ist."

Ich erlebe und übe das im Pilgern. Seit Jahren bin ich jährlich mehrere Wochen unterwegs. Weil ich dabei erlebe, was noch alles möglich ist. „Du hast uns zu dir, Gott, hin geschaffen, und unser Herz ist unruhig, bis es Ruhe findet in dir." Unruhig ist der Mensch, weil er noch nicht da ist, wo er hingehört: zu Gott. Wer sich auf den Weg gerufen weiß, hat Vertrauen in das Ziel, darum ist er erwartungsvoll und seine Unruhe voller Hoffnung. Im Pilgern erlebe ich darum Fernweh und Heimweh zugleich: Ich gehe über mich hinaus, um mich selbst zu finden. Ich gehe mich fremd, gehe aus meinem Alltag mit seinen Gewohnheiten und Erwartungen heraus. Der Unruhe meines Herzens will ich folgen, sie nicht ruhig stellen, sondern üben. Wie die Muskeln durch jeden Schritt wachsen, so auch die Sehnsucht. Ich will meinem Leben mehr Weite geben, meiner Seele mehr Sehnsucht. Statt krampfhaft zu bewachen, was ich habe, will ich Gott die Chance geben, mich zu überraschen. Wenn ich vertraue, dass Gott auf mich schaut, kann ich mich loslassen, dem Neuen überlassen.

Das feste Haus verlasse ich, ziehe aus der lauten Stadt – entscheidend für das Pilgern ist der Abstand vom Alltag, vom Beruf und der Familie, ihren Erwartungen, Zwängen und Vorstellungen, und letztlich von mir selbst. Das fällt mir am schwersten, aus mir, aus meinem Bild von mir selbst herauszugehen. Heute ist es leicht, in die entlegensten Gebiete der Welt zu reisen, aber umso schwerer, frei vom Alltag und seinen Erwartungen zu werden. Es hilft mir, mich bewusst vom Alltag zu lösen. Nur ein leeres Gefäß kann gefüllt werden, der Baum muss beschnitten werden, um neu auszuschlagen. Aufbrechen ist Arbeit. Das Gehäuse des Gewohnten muss geknackt werden, um nicht nur mit den Füßen, sondern als ganzer Mensch unterwegs zu sein.

Mein Pilgern beginnt schon vor dem ersten Schritt, mit dem Rucksackpacken. Dass ich unnötigen Ballast aussortiere, hat nicht nur den praktischen Zweck, dass ein kleiner Rucksack das Gehen erleichtert. Mit den Dingen gebe ich auch meinen

Alltag aus der Hand: Ohne Bücher kann ich nicht wie zu Hause lesen, ohne umfangreichen Kleidungsfundus mich nicht im gewünschten Outfit präsentieren. Wenn ich auf Handy und Internet verzichte, unterstützt dies meine Ablösung von Familie, Freunden und Verpflichtungen. Darum schlafe ich auch nicht im Hotel, sondern im Massenquartier, wo mich die Nähe der anderen irritiert und befremdet. Ich Mensch trete aus meinem Leben heraus, schäle mich, um zu erfahren, was mich wesentlich ausmacht. Ich erfahre, dass ich anders sein kann, als ich mich selber kenne. „Nudus nudum sequi" haben sich frühere Pilger beschrieben, nackt dem nackten (Christus) folgen, der sich schutzlos und empfindsam gemacht hat auf seinem Weg zu uns Menschen.

Beim Gehen ist dann die Weite des Himmels und der Landschaft mein prägender Eindruck. Zu Hause sitze ich zwischen Wänden und Möbeln, der Blick nach draußen bleibt an der Fensterscheibe hängen. Jetzt aber bin ich mittendrin in der Natur. Ich spüre mich verbunden mit dem Ganzen der Schöpfung, ihrer Vitalität. Das prägt meinen Geist: Wo der Blick frei wird, der Himmel über mir offen, wo ich tief durchatme und weit ausschreite, da gewinnen auch meine Gedanken an Weite. Darum übernachte ich gerne unter freiem Himmel, unterm Sternenzelt. Dann bin ich selbst überrascht, dass ich keine Angst bekomme, ich kleiner Mensch mitten im unendlichen Raum des Universums. Ich kann mich loslassen und gehe doch nicht verloren. Ich öffne mich für das mir noch Unbekannte und Fremde und bin doch geborgen. Ich muss keine festen Mauern um mich errichten, und trotzdem passiert mir nichts. Ich muss mich nicht ängstlich bewachen und brauche doch keine Angst zu haben, angegriffen zu werden. Ich staune, wie schön es ist, ohne Schutzmantel unterwegs zu sein, befreit und erleichtert.

Wie Abraham, der ohne die Sicherheit eines bestimmten Ziels sich im Vertrauen aufmacht. Wie Jesus, der klein und nackt geworden ist, um uns nah zu sein. Wie seine Jünger, die ohne Hab und Gut sich von der Gastfreundschaft anderer abhängig gemacht haben. Wie der Psalmbeter, der weiß, dass sein gebautes Haus ohne Gottvertrauen öde und seine bewachte Stadt zum Gefängnis wird.

Ich ahne etwas von den Chancen nomadischer Existenz für meinen Glauben. Denn der Nomade lebt in Hoffnung, nicht von Besitz und Anrechten. Er baut nicht auf das, was da ist, sondern auf das, wohin er unterwegs ist. Er hat hier keine bleibende Stadt, sondern sucht das Kommende. Sein Herz ist unruhig, bis es ruht in Gott, der ihn zu sich hin geschaffen hat. Hoffnung ist kein Besitz, aber eine tätige Erwartung. Nicht erst das Erreichen, schon das Aufbrechen und Suchen gibt ihr Kraft. Diesen Anstoß lese ich im Psalm 127. Das übe ich beim Pilgern. Davon spricht Jürgen Moltmann in „Wegbereiter sein“[18]:

Dieses Leben
ist für die Hoffnung
kein Wartezimmer
in dem man gelangweilt herumsitzt
bis sich die Tür
zum Sprechzimmer Gottes öffnet

nur wer sucht der findet
nur wer anklopft
dem wird aufgetan

Die Hoffnung in der Arztpraxis. Eine kranke Hoffnung, die Heilung sucht. Ist sie an etwas zerbrochen? Hat sie durch Unrecht und Sinnlosigkeit Kopfschmerzen bekommen? Oder ist es nur eine oberflächliche Erkältung, weil sie durch einen Misserfolg verschnupft ist?

Eine kranke Hoffnung, die Heilung sucht. Ihren Arzt hat sie gefunden, Gott. Sie sitzt im Wartezimmer. Ungeduldig schaut sie auf die Uhr. Schicksalsergeben wartet sie, was der Arzt verordnet. Gelangweilt sitzt sie herum, bis sich ihr endlich die Tür zum Sprechzimmer öffnet. Je länger sie warten muss, bis sie dran ist, desto unzufriedener wird sie.

Eine Hoffnung, die untätig im Wartezimmer sitzt, wird immer verdrießlicher. Hoffnung, die die Hände in den Schoß legt, verkümmert wie eine Blume ohne Wasser. Das Tun, das Versuchen ist ihr Lebensquell. Nur wer sucht, der findet. Nur wer anklopft, dem wird aufgetan. Das ist bereits ihre Heilung, dass sie erwartungsvoll sucht, dass sie vertrauensvoll anklopft.

Detlef Lienau ist Pfarrer und Gründungsmitglied der Kommunität Beuggen, leitet Pilgerwanderungen auf den Jakobswegen und nach Assisi, Autor von „Sich fremd gehen. Warum Menschen pilgern", Matthias-Grünewald-Verlag 2009.

Wegesfrüchte

Psalm 128
1 Ein Wallfahrtslied. Wohl dem, der den HERRN fürchtet und auf seinen Wegen geht!
2 Du wirst dich nähren von deiner Hände Arbeit; wohl dir, du hast's gut.
3 Deine Frau wird sein wie ein fruchtbarer Weinstock drinnen in deinem Hause, deine Kinder wie junge Ölbäume um deinen Tisch her.
4 Siehe, so wird gesegnet der Mann, der den HERRN fürchtet.
5 Der HERR wird dich segnen aus Zion, dass du siehst das Glück Jerusalems dein Leben lang
6 und siehst Kinder deiner Kinder. Friede sei über Israel!
(Luther 1984)

Andreas Ebert

Vor zwölf Jahren bin ich zum ersten Mal aufgebrochen zu einer Pilgerwanderung nach Santiago de Compostela. Einige Jahre vorher war ich mit Freunden im Auto unterwegs gewesen in Spanien. Das Wetter war schlecht, an Strandurlaub mit dem Zelt war nicht zu denken. Einer meiner Freunde schlug deshalb vor, nach Santiago zu fahren. Wie von der Tarantel gestochen rief ich seinerzeit: „Nein! Da möchte ich eines Tages zu Fuß hingehen." Ich weiß bis heute nicht, woher dieser plötzliche Impuls kam – und auch noch derartig klar und entschieden. Nie zuvor hatte ich mich mit dem Pilgern auseinandergesetzt. Zwar wusste ich aus dem Studium der Theologie noch vage etwas über die Bedeutung des Wallfahrens im Mittelalter, aber katholische Wallfahrten nach Altötting oder Andechs waren mir eher suspekt. Aber damals wusste ich: Das wirst du machen!

Bis zur Ausführung dauerte es noch. Eines Tages hatten andere Freunde die Idee, gemeinsam den spanischen Jakobsweg zu gehen, und ich war begeistert. Ich plante mehr als drei Wochen ein. Kurz vor der Abreise machten die anderen dann aber einen Rückzieher. Und da beschloss ich, mich allein auf den Weg zu machen. Ich bin von Haus aus kein Wanderer oder Bergsteiger, und ich wunderte mich über mich selbst.

Mein Weg begann mit dem Abstieg von den Pyrenäen auf dem Somport-Pass, der Grenze zwischen Frankreich und Spanien. Ich hatte viel zu viel Gepäck im Rucksack, vor allem Bücher. Schon nach zwei Stunden gab ich im nächsten Postamt ein riesiges Paket auf, um alles Überflüssige heimzuschicken. Erst dann begann ich, den Weg zu genießen. An den ersten Abenden war ich zwar körperlich kaputt, die Füße taten höllisch weh, Blasen überall. Und doch hatte ich das Gefühl, etwas ungeheuer Sinnvolles zu tun. Ich war ein Pilger!

Leider hatte ich nicht genug Zeit, um ganz bis Santiago zu kommen. Vorher hatte ich gemeint, ich könnte einige Wegabschnitte mit Bahn oder Bus zurücklegen, um rechtzeitig anzukommen. Aber das sollte nicht gehen. Denn schon bald lernte ich andere Pilger kennen: eine Krankenschwester aus München, einen Philosophiestudenten aus Innsbruck, einen jungen Gärtner aus Belgien, einen Soldaten aus Spanien, einen jungen katalanischen Psychologen. Wir waren völlig unterschiedlich gepolt, vom Erzkatholiken bis zum Atheisten – und doch wurden wir eine eingeschworene Truppe, eine Familie auf Zeit. Tagsüber waren wir oft einzeln unterwegs, aber abends in der Herberge kochten wir gemeinsam und begannen, einander aus unserem Leben zu erzählen.

Als ich dann in León vorzeitig abbrechen musste, weil mein Urlaub zu Ende war, war das äußerst schmerzhaft. Die letzte Tagesetappe hatte ich noch bewusst allein gemacht. Unterwegs tat ich etwas völlig Verrücktes: Ich begann, mit dem Weg zu sprechen. Ich bedankte mich bei ihm, dass er mich bis hierher gebracht hat. Ich bedankte mich für all die Menschen, die im Lauf der Jahrhunderte mit ihren Sorgen und Schmerzen, mit ihrer Schuld und Sehnsucht, mit ihren Fragen und Zweifeln aufgebrochen waren, um auf ihm Gott zu suchen und sich selbst. Tränen der Trauer und des Glücks bemächtigten sich meiner. Und ich versprach dem Weg, wiederzukommen, um ihn zu beenden.

Eine letzte Nacht verbrachte ich in der Pilgerherberge von León. Am nächsten Morgen war ich kein Pilger mehr, sondern ein Tourist. Ein seltsames und auch furchtbares Erlebnis. Orientierungslosigkeit, Sinnlosigkeit und Leere überkamen mich. Bisher hatte ich jeden Tag ein Ziel gehabt, und das hatte gereicht. Um den morgigen Tag kann ein Pilger sich ja gar nicht sorgen. Er erlebt, was Jesus meint, wenn er sagt: „Es ist genug, dass jeder Tag seine eigene Mühe und Plage hat." Als Pilger lebt man ganz im Jetzt – und ist doch nicht ziellos: Das kleine Ziel ist der Ort, den man anpeilt für die Nacht. Das große Ziel ist Santiago, das vermeintliche Grab des Apostels Jakobus. Obwohl es eher unwahrscheinlich ist, dass der Apostel dort wirklich ruht, hat der Weg eine ungeheure Kraft. Ein wesentlicher Teil dieser Energie rührt wohl von den vielen Menschen, die seit Jahrhunderten bis heute unterwegs sind, wie ich es war, und die gleichsam etwas von ihrer „Aura" hinterlassen haben.

Im darauffolgenden Jahr löste ich mein Versprechen ein. Mitten in Spanien zog ich los. Eigentlich wollte ein Freund mit mir wandern, der psychisch angeschlagen und drogenabhängig war. Ihm hatte ich vorgeschlagen, mit mir auf den Jakobsweg zu gehen. Drei Wochen vor Aufbruch setzte er sich den „goldenen Schuss“ und starb an einer Überdosis Heroin. Wieder zog ich allein los. Im Gepäck hatte ich nach altem Pilgerbrauch zwei Steine, Symbole für unsere Lebenslasten. Einer war für mich bestimmt, der zweite für ihn.

Die Meseta, jene riesige Hochebene zwischen Burgos und León, hatte es mir schon beim ersten Mal besonders angetan mit ihrer Weite und Kargheit. Sie besuchte ich ein zweites Mal. Wieder lernte ich ganz besondere Menschen kennen. Erster Höhepunkt war die Ankunft am höchsten Punkt des spanischen Weges, am Cruz de Ferro. Dabei handelt es sich um ein Eisenkreuz, das, auf einen Baumstamm montiert, in den Montes de León aufgerichtet ist.

Das Kreuz steht in einem Steinhaufen, der von den Pilgern stetig vergrößert wird. Bis zur Christianisierung des Ortes durch einen Eremiten, der einen Vorläufer des Kreuzes aufstellte, wurde an dieser Stelle – so heißt es – einer römischen Weggottheit durch Ablegen eines Steines gehuldigt. Der ursprünglich nicht christliche Brauch wurde dann von den christlichen Pilgern weitergeführt, die bis heute ihre Sorgen- und Sündensteine auf die Schutthalde unter das Kreuz legen. Was für ein wunderbares Symbol! Christus lädt uns ein, alles, was wir selbst nicht tragen können, bei ihm abzuliefern. Als ich den Stein, den ich für meinen verstorbenen Freund mitgebracht hatte, niederlegte, konnte ich endlich um ihn weinen und trauern. Ich spürte zudem die Gegenwart von unendlich viel Menschheitsleid, das hier aufgetürmt war – und zugleich die tröstliche und friedenstiftende Gegenwart des Gekreuzigten, der all dies trägt und verwandelt.

Der zweite Höhepunkt war die Ankunft am Ziel. Bevor wir die Stadt Santiago de Compostela betraten, ging unsere kleine Gruppe festlich frühstücken. Wir sangen und tanzten auf den Tischen. Eine unbändige Freude war in uns. Eher ernüchternd dann der Betrieb in der Kathedrale, der Andenken-Kitsch allerorten – und wieder das Abschiednehmen. Was passiert, wenn der Weg zu Ende ist? Mittelalterliche Pilger wanderten dann die ganze Strecke zurück. Von Deutschland aus benötigte man mindestens neun Monate für die gesamte Jakobswallfahrt. Moderne Pilger setzen sich ins Flugzeug und sind nach wenigen Stunden wieder daheim. Aber die Seele braucht viel länger, um wieder anzukommen. Die Aufgabe, das Erlebte in den Alltag zu integrieren, ist oft schwierig. Und doch ist man hinterher ein anderer, eine andere. Selbst wenn einen der Trott wieder einholt. Einmal Pilger – immer Pilger. Und im Herzen bleibt die Sehnsucht.

Das alles widerfuhr mir, dem Protestanten! Das Wallfahren hat ja jahrhundertelang im evangelischen Raum eine schlechte Presse gehabt. In der mittelalterlichen Frömmigkeit dagegen hatte es eine bedeutende Rolle gespielt. Es war eng verbunden mit der Todesangst, mit der Furcht vor Fegefeuer und Höllenstrafen. Durch Wallfahrten konnte man Ablass erwirken. Der klassische Ablass der Wallfahrt nach Jerusalem (seit Papst Urban II.), gewissermaßen in der Tradition der alttestamentlichen Wallfahrt zum Tempel, wurde schon im Heiligen Jahr 1300 erweitert um den „Jubelablass" (man lässt wallfahren und bezahlt dafür), und ab 1476 gab es auch die Ablässe für Verstorbene. In gewisser Weise war ich unbewusst auch in diese Tradition eingetreten, jedenfalls was das Leid eines Toten, die Trauer um ihn und die Fürbitte für ihn betraf.

Weshalb die evangelische Skepsis gegenüber dem Wallfahren und Pilgern? Der junge Luther war selbst nach Rom gepilgert und war über die losen Sitten in der Heiligen Stadt entsetzt. Zeitlebens erfüllte ihn die Erinnerung mit Ekel und Abscheu. Hier nahm seine Skepsis gegenüber dem „Geläuff", dem Pilgern und Wallfahren, seinen Ausgang. Keiner hat später so über das Pilgern nach Santiago gelästert wie der Reformator: „Luf nit dahin! Man waißt nit ob sant Jacob oder ain todter hund oder ein todts roß da liegt", giftete er aufgrund der historischen Probleme um die Heiligengebeine. In seiner Bibelübersetzung vermied er die Vokabel „Pilgern" und ersetzte sie durch „Wallfahrt". Erst der Pietismus führte den Begriff des Pilgerns wieder in den evangelischen Sprachgebrauch ein. Er wurde zum Synonym für das von irdischen Gütern losgelöste Leben nach dem Vorbild Jesu. 1678 erscheint „The Pilgrim's Progress", ein Erbauungsbuch des britischen Baptistenpedigers John Bunyan („Pilgerreise zur ewigen Ewigkeit", in mehr als 200 Sprachen übersetzt). Es schildert allegorisch die Pilgerreise des Menschen vom Dieseits ins Jenseits. Als Christian, ein schlichter Mann, aus der Bibel erfährt, dass seine Sündenlast in die Hölle führt, verlässt er seine Heimat, um sich, seine Frau und seine Kinder zu retten. Er macht sich auf aus der „Stadt der Zerstörung" in die „Himmlische Stadt" Zion. Auf seinem Weg begegnen ihm zahlreiche allegorische Figuren, die abwechselnd versuchen, ihn aufzuhalten bzw. voranzubringen. Hier kehrt also das alte Pilgermotiv der Höllenangst und die Sehnsucht nach einem rettenden Weg zurück. Gerhard Tersteegen, der große evangelische Mystiker, dichtet 1738 ein wunderbares Pilgerlied, das im „Evangelischen Gesangbuch" (EG 393) steht. Immer wieder greift dieses Lied die

Erfahrung des physischen Pilgerns auf und vergeistigt sie. Dort heißt es unter anderem:

Kommt, Kinder, lasst uns gehen,
der Abend kommt herbei;
es ist gefährlich stehen
in dieser Wüstenei.
Kommt, stärket euren Mut,
zur Ewigkeit zu wandern
von einer Kraft zur andern;
es ist das Ende gut.

Es soll uns nicht gereuen
der schmale Pilgerpfad;
wir kennen ja den Treuen,
der uns gerufen hat.
Kommt, folgt und trauet dem;
ein jeder sein Gesichte
mit ganzer Wendung richte
fest nach Jerusalem.

Man muss wie Pilger wandeln,
frei, bloß und wahrlich leer;
viel sammeln, halten, handeln
macht unsern Gang nur schwer.
Wer will, der trag sich tot;
wir reisen abgeschieden,
mit wenigem zufrieden;
wir brauchen's nur zur Not.

Schmückt euer Herz aufs Beste,
sonst weder Leib noch Haus;
wir sind hier fremde Gäste
und ziehen bald hinaus.
Gemach bringt Ungemach;
ein Pilger muss sich schicken,
sich dulden und sich bücken
den kurzen Pilgertag.

Kommt, Kinder, lasst uns gehen,
der Vater gehet mit;
er selbst will bei uns stehen
bei jedem sauren Tritt;
er will uns machen Mut,
mit süßen Sonnenblicken
uns locken und erquicken;
ach ja, wir haben‘s gut.

Kommt, Kinder, lasst uns wandern,
wir gehen Hand in Hand;
eins freuet sich am andern
in diesem wilden Land.
Kommt, lasst uns kindlich sein,
uns auf dem Weg nicht streiten;
die Engel selbst begleiten als Brüder unsre Reihn.

Sollt wo ein Schwacher fallen,
so greif der Stärkre zu;
man trag, man helfe allen,
man pflanze Lieb und Ruh.

Kommt, bindet fester an;
ein jeder sei der Kleinste,
doch auch wohl gern der Reinste
auf unsrer Liebesbahn.

Es hat lange gedauert, bis Protestanten Luthers Vorbehalte auch gegenüber dem „realen“ Pilgern aufgeben konnten. Doch in den letzten Jahrzehnten ist dieses Eis gebrochen. Evangelische Kirchen bieten Pilgerherbergen an, eigene evangelische und ökumenische Pilgerwege werden markiert. Inzwischen wissen auch die protestantischen Theologen, dass es einen engen Zusammenhang zwischen Körper, Seele und Geist gibt. Das Pilgern als „Beten mit den Füßen“ trägt wunderbare Früchte. Zunächst tut die physische Bewegung dem Körper gut, bringt ihn allerdings auch an seine Grenzen. Viele Pilger erleben in der Anfangsphase des Weges vor allem Schmerz und Erschöpfung, bis sich der „Flow“ einstellt und die Füße gleichsam von alleine gehen. In einer zweiten Phase kommen häufig seelische Konflikte, verdrängte Verletzungen, Beziehungsstörungen und Ähnliches ans Licht. Durch das Gehen und vielleicht auch durch gute Gespräche mit Mitpilgern beginnt dann häufig ein Klärungsprozess. Altes wird losgelassen, neue Perspektiven stellen sich ein. In Lebenskrisen (Trauer, Trennung, Jobverlust etc.) erweist sich das Pilgern mitunter als wahres Remedium und Antidepressivum. Schließlich werden Kopf und Seele immer freier. Der Geist ist leer und aufnahmebereit für die Schönheit der Schöpfung, für eine besondere Erfahrung der Nähe Gottes. Der Beter des 128. Psalms schildert sehr weltliche „Pilgerfrüchte“: Gelingen bei der Arbeit, in den Beziehungen, „Fruchtbarkeit“, Kindersegen und Glück. Die Begegnung mit dem heiligen Gott in Zion gibt dem Leben eine neue Ausrichtung, die alle Daseinsbereiche durchzieht, veredelt und stärkt. Die Gottesfurcht, von der der Psalm spricht, drückt sich in der Bereitschaft aus, sich auf die Begegnung mit Gott und mit der eigenen Tiefe einzulassen. Wer Gott in diesem Sinne fürchtet, erlebt sein Leben als geborgen und gegründet. Wie der Weg trägt uns Gott ohne Vorwurf, ohne Lob und Tadel und wandelt uns dabei fast unmerklich. Es ist ein Prozess, der nie aufhört. Wer Gott begegnet, erlebt ihn als Grund des Daseins – aber zugleich erfährt er ihn auch als Abgrund, Geheimnis und Rätsel. Erschütterung und Erhebung liegen da nah beieinander, das Faszinierende und das Erschreckende. Diese doppelte Gotteserfahrung lässt uns reifen und erblühen, wenn wir uns auf sie einlassen. Beim Pilgern geschieht das fast automatisch.

Dazu braucht man allerdings Zeit. Seit sieben Jahren gibt es zweimal jährlich in unserem Münchner Spirituellen Zentrum St. Martin, einer Einrichtung der evangelischen Kirche in Bayern, die ich leite, einen Pilgertag. Bis zu 80 Menschen treffen sich dann, die schon gepilgert sind oder die Sehnsucht in sich spüren, aufzubrechen. Am bewegendsten sind die Austauschrunden in kleinen Gruppen, die Zeugnisse von Erfahrungen, Erlebnissen und Wandlungsprozessen, die das Pilgern ausgelöst hat. Oft liegt eine große Freude über diesen Treffen. Manche berichten, sie hätten aus sportlichen Gründen angefangen zu pilgern, ohne explizite religiöse Absichten und Pläne. Und dann sei ihnen Gott begegnet. Vielleicht nicht in allen dogmatischen Facetten, die die Kirche formuliert – aber doch unmittelbar und lebens-wendend. Als Quelle und Geheimnis des Lebens. Das kann man auch Hape Kerkelings Pilgerbuch „Ich bin dann mal weg“[19] abspüren oder den faszinierenden Berichten von Felix Bernhard („Dem eigenen Leben auf der Spur“ und „Weglaufen ist nicht“[20]). Felix Bernhard sitzt im Rollstuhl und hat Tausende von Kilometern Jakobsweg allein mit der Kraft seiner Armmuskeln hinter sich gebracht – und dabei Gott gefunden. Und ein Glück, das ausstrahlt. Ich kenne nur wenige „Nichtbehinderte“, die so in sich gerundet sind, so heiter, so erfüllt, so stark. Ich werde immer wieder zurückkehren auf den Jakobsweg. Und ich kann die Freude der alttestamentlichen Pilger teilen, die die Heilige Stadt erreichen und gestärkt zurückkehren in den Alltag ihres Lebens: „Kommt, Kinder, lasst uns gehen ...“

Andreas Ebert ist evangelischer Pfarrer, Autor, Meditationslehrer, Leiter des Spirituellen Zentrums St. Martin in München und landeskirchlicher Beauftragter für Geistliche Übung (Südbayern).

Bedrängnis

Psalm 129
1 Ein Wallfahrtslied. Oft haben sie mich bedrängt, von Jugend an, so spreche Israel,
2 oft haben sie mich bedrängt, von Jugend an, doch sie haben mich nicht bezwungen.
3 Auf meinem Rücken haben Pflüger gepflügt, ihre Furchen lang gezogen.
4 Der HERR aber ist gerecht, den Strick der Frevler hat er zerhauen.
5 Es sollen zuschanden werden und zurückweichen alle, die Zion hassen.
6 Sie sollen sein wie das Gras auf den Dächern, das verdorrt, noch ehe man es ausreißt.
7 Ein Schnitter füllt nicht seine Hand damit, noch ein Ährensammler den Bausch seines Kleids.
8 Und die vorübergehen, sprechen nicht: Der Segen des HERRN über euch. Wir segnen euch im Namen des HERRN.
(Zürcher Übersetzung)

Schwester Ruth Meili

1. Auf den Text zugehen

Es gibt viele mögliche Wege, sich einen Psalm vertraut zu machen. Ich persönlich wähle eine Übersetzung aus und schreibe den Psalm in meiner normalen Handschrift ab. Nun mache ich mich mit dem Psalm auf den Weg durch das Zimmer, das Haus, den Garten, auf einen Spaziergang, und lese ihn einige Male laut oder halblaut vor mich hin und in mich hinein – immer wieder. Bei welchem Wort bleibe ich hängen? Und warum? Was löst es in mir aus? Ich schreibe es mir auf, vielleicht in meiner schönsten Handschrift oder farbig oder auf dem Computer gestaltet oder ...

2. Dem Psalm näherkommen

Wenn ich Psalm 129 lese, schwingen in mir als Schwester einer Gemeinschaft, die sich in Anlehnung an die Regel des Heiligen Benedikt täglich viermal zu Gebetszeiten trifft, Melodien mit, die die Worte unterfangen, begleiten und vertiefen.

So singen wir Psalm 129 innerhalb des Mittagsgebetes am Donnerstag, gerahmt vom Leitvers „Israel, harre des Herrn von nun an auf ewig", oder auch im Mittagsgebet am Gründonnerstag mit dem Leitvers „Aus der Tiefe rufe ich, Herr, zu dir; höre, o Herr, meine Stimme", jeweils im 1. Psalmton. Gerade diesen Psalmton treffen wir auch oft bei Klage- und Vertrauensliedern an, wo er ruhig und zuversichtlich gesungen werden darf – trotz der inneren, aufschreienden Spannung des Textes. Der Leitvers fasst den Sinngehalt des Psalmes zusammen und ist zugleich eine Leitschnur für das Verständnis des Gebetes. Die Aussagen des biblischen Textes werden dadurch verstärkt, und im Singen vertieft sich das Verständnis des Textes. Zugleich rahmen diese Leitverse den Psalm ein, erinnern am Anfang und am Schluss an Gottes Treue und Zusagen und stärken das Vertrauen in seine Gegenwärtigkeit auf dem Zion, wo immer der „Zion" ist und sein wird, der Ort verheißener Gegenwärtigkeit. So wird dieser Psalm zu einem Vertrauenspsalm – mitten in aller Bedrängnis. Benedikt erinnert in seiner Regel daran, dass in unseren Gebetszeiten, beim Chorgebet also, der ganze Mensch vor Gott und den Engeln steht. Wir tragen unser Erleben, uns, wie wir da sind, singend vor Gott, legen ihm alles – im Bild gesprochen – auf den Schreibtisch zur weiteren Bearbeitung. Das ist die Einladung, die im Psalm 129 steckt: „so soll Israel, sollen wir, sprechen“ (Vers 1).

3. Wo der Psalm wohnt

Wenn wir unseren Psalm lesen, dann dürfen wir nicht aus den Augen verlieren, dass er in einer Zeit der Enttäuschung, der inneren Anfechtung und politischen Unterdrückung durch die Perser entstanden ist – „in den Nächten“ (Ps. 134,1). Wenn wir die damalige Zeit bedenken, dann hören wir in unserem Psalm, wie der Beter über die Ausbeutung durch Großgrundbesitzer und über Schuldsklaverei klagt, wenn er die Steuern zur Deckung des ungeheuren Finanzbedarfs am Hofe nicht bezahlen konnte – und zwar in Münzgeld, was die Kleinbauern vor große Schwierigkeiten stellte, ja die Angst schürte vor auswegloser Überschuldung, Abhängigkeit und Unfreiheit für die ganze Familie und Sippe. Was als besonders belastend erlebt wurde: Die Nutznießer dieser Situation waren eigene Volksgenossen, „Brüder“, die im Dienste der Besatzungsmacht standen. „Gott-los“ bezeichnet sie der Beter, sich unsozial verhaltend, nach Reichtum und politischer Macht drängend. Diese Erfahrung im eigenen Gottesvolk bedeutete eine tiefe Verunsicherung, eine Anfechtung für die, die sich in allem an Gott festhielten, sich an seinem Wort orientierten und seine Wege gingen. „Denn nicht der Feind ist es, der mich schmäht, das würde ich noch ertragen. Nicht einer, der mich hasst, hat großgetan gegen mich, vor ihm könnte ich mich verbergen. Nein, du bist es, ein Mensch meinesgleichen, mein Freund und mein Vertrauter, die wir enge Gemeinschaft hatten im Hause Gottes, zusammen gingen bei festlichem Treiben.“ (Psalm

55,13-15). Welcher Schmerz, welche Verletzungen, welche Zweifel drängen zwischen den Zeilen zu uns hin! Indem der Beter seine Not klagt, in Gottes Herz hineinschreit, keimt ein Lied der Hoffnung auf inmitten eines harten und verzweifelten, eines bedrängenden Alltags. Im Beten und Singen dieser wenigen Worte wendet sich der Beter zum Zion als einem Ort, von dem ihm allein Hilfe wird, Kraft und Hoffnung – in Erinnerung an die Erfahrungen der Väter und Mütter zu allen Zeiten, allen Bedrohungen zum Trotz.

4. Den Psalm kennenlernen

Der Psalm besteht aus zwei Teilen: Die Verse 1-4 schildern die Not, den Druck, die Bedrängnis, die Verzweiflung, die Anfeindung und dann die Befreiung durch Gott, weil er der Retter ist, weil er gerecht und barmherzig ist. Die Verse 5-8 sind dringende Bitten, Gott möge die Macht der Verursacher aller Not zerbrechen, und dabei erinnert der Beter sich an erfahrene Rettung.

Israel klagt Gott die Not, die Anfeindung, die Bedrückung, den Hass – „von meiner Jugend auf". Es ist eine Klage, die die Geschichte Israels umfängt, angefangen von der Zeit der Unterdrückung in Ägypten, der Nach-Jagd auf dem Weg zum Schilfmeer, die bedrohenden Wüstenvölker, der Hunger, der Durst, die Einheimischen im verheißenen „gelobten" Land, die Philister zur Zeit der Richter, die von Osten herandrängenden Assyrer und dann die Neubabylonier, die 586 v. Chr. Jerusalem und den Tempel zerstörten. Israel erlebt seine Geschichte als Leidensgeschichte: „Von der Fußsohle bis zum Kopf ist nichts Gesundes mehr an mir, Wunden, Striemen und frische Verletzungen, nicht versorgt und nicht verbunden und nicht mit Öl gelindert“ (Jes 1,6). Und „Bück dich, wir wollen über dich hinwegschreiten! So sprachen sie. Und so hast du deinen Rücken dem Boden gleichgemacht und wie eine Straße für die, die vorüberziehen“ (Jes. 51,23). In dieser Not schreit das Volk, schreit der Einzelne nach Gott, dass er dem erfahrenen Leid ein Ende setze. „O Gott, erlöse Israel aus seiner ganzen Bedrängnis!“ (Ps. 25,22). Es ist das Schreien der Ohnmächtigen, der zutiefst Erniedrigten, die am eigenen Leib und in ihrem Leben spüren, dass es um der Gerechtigkeit und um der Verheißungen des Gottes Israels willen nicht so bleiben darf, wie es ist. Dieses Schreien erinnert an die Spirituals der schwarzen Sklaven, die ihre entwürdigende, Not-volle Situation singend vor Gott ausbreiteten und um eine Wende baten, sie singend erglaubten. Israel hat all das über- und durchlebt, getragen wie auf Adlerflügeln (2. Mo. 19,4), umsorgt, geführt und erhalten, denn „Gott hat den Stock der Frevler zerbrochen, den Knüppel der Herrschenden“ (Jes. 14,5). Das ist es, was damals die Menschen aufrecht leben und stehen ließ: Sie vertrauten in allem, sie hofften über alles bittere Erleben hinaus, dass ihr Gott, der Gott Israels, der sie befreit hatte aus Ägypten und immer wieder seine Rettungsmacht zeigte, auch jetzt die bindenden Stricke zerhaut, alle Hasser vernichtet, dass diesen die Zukunft verdorrt und kein Segen ihren Weg begleitet. Sie vertrauten den vielen Verheißungen, die Heil verkünden, Zukunft, ein offener Himmel, ein weiter Lebensraum. Es wird eine Zeit kommen: Dann, ja dann hat alles Leid ein Ende. Das ist und war die Erfahrung Israels, und das sind Erinnerungen, die Kraft geben für die Zukunft, die zukunftsfähig machen, offen für einen neuen, weiten Horizont: „Aus der Bedrängnis rief ich zum Herrn. Der Herr erhörte mich und schuf mir weiten Raum. Der Herr ist für mich, ich fürchte mich nicht, was können Menschen mir antun?" (Ps. 118,5.6) „In der Bedrängnis hast du mir Raum geschaffen" (Ps. 4,2).Wirklich zu Ende ist das Leid erst dann, wenn die Mächte und die Menschen, die dieses Leid zufügen, entmachtet sind. Sie sollen werden wie Gras, das an der Sonne verdorrt, keine Wurzeln treibt, nicht blüht und fruchtet. Sie sollen werden wie Gras, das ausgerissen wird, das keine Zukunft, nichts hat und nichts hervorbringt. Ihre Macht muss weichen, ihr Einfluss zurückgehen. Erst so werden sie verstehen, was es heißt, eigentlich gesegnet zu sein, ein Gesegneter, mit heilvoller Kraft erfüllt. Von dem Ewigen zu hören: „Ich kenne euch nicht!", das ist entzogener Segen, das ist Gericht. Unser Vertrauenspsalm ist das Lied eines zum Zion aufsteigenden Volkes wie auch eines Einzelnen, der, mit gleicher Not in seinem Alltag behaftet, sich Stufe um Stufe hinaufklagt zum Zion, in die heilende, alles umfangende Gegenwart Gottes. Zion kann, so verstanden, überall sein – da, wo wir beten, klagen, loben und anbeten, da, wo wir Schritte aus der Tiefe wagen, Stufe um Stufe zu ihm hin, unserem Gott. Deshalb werden die Wallfahrtspsalmen oft auch umschrieben mit „Aufstiegsgesänge" (Martin Buber).

5. Über den Psalm hinausgehen

Über 50 Bibelstellen weisen auf bedrängende Situationen hin. Es ist es wert, diese Stellen nachzuschlagen, sie sich laut vorzulesen, ihren Klang in mir wahrzunehmen und diejenigen auszuwählen, die meine Situation besonders treffen.

Ich frage dann nach meiner Geschichte der Bedrängnisse, meiner Not, meiner Ohnmacht, meiner Armut von „Jugend an“, lasse sie zu und schaue sie an. Was steigt in mir auf als meine Armut, „wenn ich mich nachts zurückziehe in meines Herzens letzte ärmste Kammer“ (R. M. Rilke, Requiem)? Erfahrungen mit Vater und Mutter, mit den Geschwistern, mit Menschen im weiteren Umfeld, Lehrern und Geistlichen. Da ist viel Erschreckendes, Ablehnung und Gewalt, seelisch, geistlich, körperlich vielleicht. Ich breite sie schweigend, klagend vor Gott aus. Dazu setze ich mich in Ruhe hin, nehme mir ausreichend Zeit, zünde z. B. eine Kerze an und öffne meine Hände vor ihm („selig sind, die arm und offen sind vor Gott“, Mt. 5,3).

Ich lasse die Tränen zu, die möglicherweise aufsteigen. Sie haben die Gnade, manches Vergessene und Verdrängte an die Oberfläche zu spülen und vieles aufzuschwemmen, was sich zutiefst und wie ein Geschwür bedrängend festgesetzt hat. Da steigt Wut auf, Hass gegen Menschen und nicht zuletzt auch gegen mich. Ich lasse alles zu – vor den Augen Gottes, schleudere ihm alles ins Gesicht, unter dem Kreuz.

Da sind vielleicht auch Menschen, die „über mich hinübergegangen sind“, mich missachtend, mich nicht beachtend, ohne Wertschätzung, meine Würde vernichtend – oft aus Eifersucht und Neid, Lieblosigkeit und eigener Hilflosigkeit. Ich stelle sie einzeln vor Gott hin. Und ich frage mich: Wo habe ich sie zu einem solchen Verhalten herausgefordert? Wo liegt mein Anteil an diesem Bedrängenden?

Da ist mein eigener Umgang mit mir selber: Wo übergehe ich mich? Wo achte ich nicht auf meine Würde in meinem Denken, in meinen Empfindungen und Gefühlen, in meinem Leib? Wo überfahre ich meine Kräfte und Möglichkeiten? Wo kann nichts fruchten, weil ich mein Leben stets neu umpflüge, meinen Sinn auf ständig Neues ausrichte, unzufrieden, voll Resignation? Wo lebe ich von der Zugewandtheit anderer? Wo gebe ich meinen Ängsten keine Chance und lasse ihren Druck zu?

Bedrängt mich die Einsamkeit, die Angst vor einer letzten Heimatlosigkeit? Ist es die schmerzliche Erfahrung meiner Grenzen? Die ständige Lebensüberforderung? Die Erkenntnis der Verschattung meines Lebens, die mich nicht frei aufleben lässt? Das zunehmende Bewusstsein der leeren Hände? All das Versäumte? Die unaufholbare Schuld in all den Liebesverweigerungen meines Lebens? Die Armseligkeit meines Christseins, die Unbeholfenheit meines christlichen Zeugnisses?

Das Eingeständnis und das Ja zur eigenen Armut und Bedrängtheit wird zum Beginn des Heiles, denn da ist die Entdeckung, grundlegend verwiesen zu sein. Im Eingeständnis, auf Gott angewiesen zu sein, werde ich frei für seine Kraft, seine Zusage, seine Rückendeckung, seine Mitleidenschaft: „Ich kenne deine Bedrängnis und deine Armut – und doch bist du reich!" (Offb. 2,9) Gehalten und in seinem Blick sein. Er sagt: „Ich kenne ...!" Kennen meint – vom hebräischen Denken her – ein Anteilnehmen am Geschick des anderen, ein leibhaftiges Engagement für das Lebensglück des anderen Menschen, wahrgenommen, geborgen und umfangen. Das ist Reichtum, weil Bedrängnis und Armut umschlossen sind von dem, der „der Erste und der Letzte ist", „der tot war und wieder lebendig wurde" (Offb. 2,8). Das heißt für uns im Letzten: Alles, was uns begegnet, verantwortet Gott: „Ich verantworte dich im Letzten" – vor ihm selbst, vor den Menschen und vor dir. Ja, „ich wurde oft bedrängt, von Jugend an, oft haben sie mich bedrängt, von Jugend an. Doch sie haben mich nicht bezwungen“ und „Du lässt uns siegen über unsere Bedränger, du lässt zuschanden werden, die uns hassen!“ (Ps. 44,8). Der Apostel Paulus gibt seine Erfahrung so an uns weiter: „Wir wissen, dass Bedrängnis Geduld wirkt!“ (Röm. 12,12) Es ist eine Einladung, sich dem Bedrängenden in unserem Leben, in dieser Welt und Zeit zu stellen, es in Gottes Wirkraum hineinzustellen und ihn in allem neu und schöpferisch wirken und geschehen zu lassen.

Zeit zum Erinnern. In allem Bedrängtwerden und Bedrängtsein entdecke ich Spuren der Bewahrung und des Gehaltenseins. Alle Not konnte mich nicht bezwingen, weil einer sich zu mir stellte – von Anfang an. Meine Geschichte ist keine Unheilsgeschichte, sondern eine Heilsgeschichte, die Geschichte seines Ja zu mir, seiner Liebe, gegründet in der Taufe von Ewigkeit her. Und sie wird in Ewigkeit die Geschichte seiner Liebe sein. Ja, sie wird durchkreuzt von viel Unheilem – aber nie vernichtet, nie bezwungen. Sie wird beschattet von viel Unbarmherzigem und Ungutem, aber sie wird nie enden, in Ewigkeit nie enden. Das will ich sehen: die Spuren von Gottes bedingungsloser und ewig gültiger Liebe, Spuren, die Menschen gelegt haben, Spuren, die Gott selbst mit seinem Wort geprägt hat, die ich immer neu entdecken und besingen kann. Mein Leben ist auch solch ein Psalm, der in aller Bedrängnis Gottes Vertrauen zu mir, mein wachsendes Vertrauen in ihn und seine stets gegenwärtige Wirklichkeit besingt und umbetet. Durch Hinhören zu ihm und durch Gehörtwerden von ihm entsteht eine enge Beziehung zu Gott, sowohl in Israel als auch bei uns, eine tiefe Zugehörigkeit zum Ewigen.

Und da ist Jesus: Wo höre und lese ich von den Bedrängnissen Jesu, „von Jugend an“? Sich auf die Suche nach Bedrängendem im Leben Jesu zu begeben könnte ein Thema sein für einen Stillen Tag oder ein freies Wochenende. Niemand konnte Jesus bezwingen, Herodes nicht, der Teufel nicht, alle Gegner nicht und der Tod nicht. Nichts konnte ihn überwältigen und wirkungslos machen. Gott, der Ewige und Lebendige, hat sich zu ihm gestellt von Anfang an: „Du bist mein über alles geliebter Sohn ..." (Matth. 3,17) In ihm wird Gott noch deutlicher, noch zugewandter, noch rettender und heilender. Durch ihn sind wir geborgen und bewahrt in seinem Segen, „getröstet und gehalten in aller Bedrängnis" (2. Kor. 1,4).

„Ich weiß um deine Bedrängnis und deine Armut – und doch du bist reich" (Offb. 2,9), so lautet ein Wort des erhöhten Herrn an die Gemeinde von Smyrna/Izmir. Nach außen scheint diese Gemeinde keine Zukunft zu haben. Aber Christus sagt ihr zu: „Ich weiß!" Unsere Bedrängnis ist umgriffen vom „Wissen" wie von einem Mantel der Geborgenheit: „Ich sehe dich, ich weiß um dich, ich trage deine Bedrängnis und deine Armut mit." Und er setzt der Bedrängnis ein Ende. „Ich weiß, fürchte dich nicht."

6. Der Psalm betet in mir

„O Gott, sieh an alle und alles, was mein Leben, meine Lebendigkeit, meinen Sinn bedrängt und bedrückt. Schau auf die Menschen meiner Geschichte, meiner Gegenwart. Und schau auf mich. Du bist der ‚Armherzige'[21], du umfängst mit deinem Herzen meine Armut; du steigst in meine Not hinunter, du teilst in deiner Liebe mein Leid und heilst mein Leben von innen her. Du berührst Gelähmtes und Verdorrtes, Blindes und Verstummtes und rufst Totes ins Leben. Du zerhaust die bindenden Stricke, du stößt alles Gottlose ins Abseits und setzt mich frei zu Neuem, zur Heimat in deinem Segen, in deiner Gegenwart. Und ich werde leben vom Erbarmen über Erbarmen über Erbarmen, gehalten im Netz deiner Barmherzigkeit."

7. Mit dem Psalm weitergehen als Gesegnete

Gott, du der ewig Segnende,
du stehst hinter uns und vor uns,
du gehst an unserer Seite und bist mit uns,
du bist uns Grund unter den Füßen,
du belichtest unsere Schritte,
du öffnest den Himmel über uns
du führst uns hinaus in einen weiten Raum.
Du nimmst uns an der Hand
und ziehst uns aus den Tiefen unserer Geschichte
in das Licht deiner Gegenwart.
Du bist gerecht und barmherzig
und birgst uns in deinem Segen.
Du schenkst Wachsen, Blühen und Fruchten
deiner in uns hineingeborgenen Saat.
Du verwandelst Bedrängnis ins Reife,
Not in Freude,
Wunden in Heil.
Du, der ewige und uns stets gnädig zugewandte Gott,
Vater, Sohn und Heiliger Geist. Amen.

Schwester Ruth Meili ist seit 1971 Mitglied der evangelischen Ordensgemeinschaft Communität Casteller Ring auf dem Schwanberg in Unterfranken und Autorin mehrerer Bücher. Zuletzt von ihr erschienen: „Und sie standen auf ...: Begegnungen mit Jesus" (gemeinsam mit Eberhard Münch), Brunnen, 2009.

Tiefe

Psalm 130
1 Ein Wallfahrtslied. Aus der Tiefe rufe ich, Herr, zu dir:
2 Herr, höre meine Stimme! Wende dein Ohr mir zu, achte auf mein
lautes Flehen!
3 Würdest du, Herr, unsere Sünden beachten, Herr, wer könnte
bestehen?
4 Doch bei dir ist Vergebung, damit man in Ehrfurcht dir dient.
5 Ich hoffe auf den Herrn, es hofft meine Seele, ich warte voll
Vertrauen auf sein Wort.
6 Meine Seele wartet auf den Herrn mehr als die Wächter auf den
Morgen. Mehr als die Wächter auf den Morgen
7 soll Israel harren auf den Herrn. Denn beim Herrn ist die Huld,
bei ihm ist Erlösung in Fülle.
8 Ja, er wird Israel erlösen von all seinen Sünden.
(Einheitsübersetzung)

Nora Steen

Ein Selbstversuch

Ich bin in der Tiefe. Ganz unten ist es still. In der Tiefe höre ich nur meinen eigenen Herzschlag. Er dröhnt und zerreißt den Tod. In der Tiefe liege ich zusammengekrümmt auf dem kalten Boden. Die Nässe kommt aus dem Erdinneren und kriecht mir in die Eingeweide. Ich verkralle meine Finger in der morastigen Erde und schreie zum Bass des Herzgedröhns, der aus meiner Brust schwillt. Der Schrei hallt an den hohen Wänden wider und kommt zu mir zurück. Er trifft mich härter als gedacht. Ein dumpfer Schlag. Ich erkenne seinen Ton nicht mehr. Sein Klang ist fremd. Der Schrei trifft auf mein

Trommelfell. Das Trommelfell schleudert den Klang zurück nach draußen an die Steinwand. Der Klang dreht sich im Kreis. Die schwarze Luft voller Stimmen. Außer dem Schrei ist nichts. Gefangen im Grab der Lebendigen. Ich schlage gegen die Steine zum Herzwummern. Hole aus zum Gegenschlag. Die Synkopen brechen den Teufelskreis. Nach einer gefühlten Ewigkeit stirbt der Schrei an sich selber. Verebbt langsam. Bis nur noch ein Säuseln bleibt. Meine Kehle ist wund. Doch mein Herz pocht weiter an die Seelenwand. Die Steine beruhigen sich. Die Steine warten auf nichts. Hier unten ist kein Gott. Das Wasser tropft von den Steinen auf mich herab. Es gräbt sich in meine Haut. Irgendwann werde ich eins sein mit der Erde, dem Wasser. Dem Staub. Die Zeit hat keine Konturen mehr. Ich werde zu Stein werden, und niemand wird darin einen lebendigen Menschen vermuten. Wie lange muss ich warten?

Aus der Tiefe rufe ich zu Dir, Herr, höre meine Stimme!

Ich spüre mein Herz. Es pocht mit zarten Schlägen wie ein Vogeljunges. Es glüht heiß vor lauter Leben wollen. Die Wassertropfen, die auf die Herzgegend fallen, dampfen. Sie verzischen und steigen nach oben. Hoch oben an der Decke treffen sie auf die Felsen. Der Dampf ist heiß. Er schmilzt kleine Löcher in den harten Fels. Er fräst sich durchs Gestein. Ein dünner Gang entsteht. Ein Lichtloch. Dahinter: blau. Im Himmel ist Sommer. Einmal fällt ein Sonnenstrahl hindurch. Direkt auf mich. Der Lichtstrahl trifft mein Herz. Die Strahlen sprühen Funken. Mein Herz fängt Feuer. Es brennt. Ich sehe durch das Loch in den Himmel. Aus ihm schallt ein leiser Ton zu mir hinunter. Der Ton ist ein Wort. Meine Stimme will antworten. Es kommt aber nicht mehr als ein leises Krächzen aus mir heraus. Es wird ganz langsam zu einem Klang. Der Klang steigt empor und bricht sich an den Felswänden. Die Töne werden zu einer Hymne. Im Himmel antwortet jemand. Die Antwort ist hell und frei. Ich höre sie dort unten in der Tiefe. Ich stehe auf. Die Hymne ist schön. Mein Brustbein vibriert vom Summen. Meine Töne wandeln sich vom Krächzen in Gesang. Alles ist leicht. Die Klänge schweben in der Tiefe. Sie brechen das Gestein. Das Lichtloch reißt auf. Über mir der offene Himmel. Alles ist nur noch Klang.

Denn bei dem Herrn ist die Gnade und viel Erlösung bei ihm.

Theologische Überlegungen

Der Psalter ist für mich eines der großartigsten Bücher der Bibel. Denn die Psalmen sind zeitlos. Sie finden Worte für das, was Menschen vor über 2000 Jahren bewegt hat und auch noch heute viele bewegt. Sie sprechen von Liebe, Verlassensein, Krankheit, Sehnsucht, Verfolgung oder Einsamkeit. Also von Dingen, die unabhängig sind von dem Jahrhundert und Jahrtausend, in dem wir leben. Sie können uns heute Wortfindungshelfer sein. Denn obwohl wir in einer so hoch entwickelten Welt leben, ist unsere Sprachfähigkeit für das, was uns an Gefühlen bestimmt, weitestgehend verloren gegangen. Leider auch bei uns in der Kirche: In der so langen Ausbildung zur Pfarrerin lernte ich viel über wissenschaftliche Zugänge zur Bibel, über didaktische Methoden. Aber niemals wurde ich herausgefordert, eigene Worte für meine Glaubensüberzeugungen zu finden. Dies ist meiner Ansicht nach kein spezifisch kirchliches, sondern ein gesamtgesellschaftliches Phänomen: Für vieles, was uns zutiefst bewegt, haben wir keine Worte mehr. Weil wir verlernt haben, es in Sprache zu fassen. Deshalb sind die Psalmen für mich ein so wunderbarer Wort-Schatz. Sie sind sprachliche Seelenwanderungen. Denn sie führen mich nach innen. In bekannte und unbekannte Landschaften meiner Seele. Die Psalmen legen das frei, was ich im Alltag so gern verbergen will. Sie sind damit so etwas wie die Essenz dessen, worum es bei jeder ordentlichen Pilgerreise gehen sollte. Die bittenden, klagenden und lobenden Worte der Psalmbeter geben sich nämlich nicht damit zufrieden, dass ich den „Erfolg" einer Pilgerwanderung an den oberflächlichen Dingen messe. Obwohl das natürlich kaum zu vermeiden ist: dass ich stolz bin auf die vielen zurückgelegten Kilometer oder auf mein Durchhalten trotz strömenden Regens oder brennender Sonne. Aber das ist nicht der Kern, um den es geht. Wenn ich mein Pilgern nicht immer auch als inneres Pilgern verstehe, werde ich zwar irgendwann in Santiago de Compostela oder an anderen Wallfahrtsorten ankommen, aber nicht als ein neuer Mensch. Als ein Mensch, der nicht nur eine lange äußere, sondern auch und vor allem eine lange innere Wegstrecke zurückgelegt hat. Der durch Phasen der Einsamkeit, des Glücksgefühls, der Erschöpfung und der Dankbarkeit hindurchgewandert ist.

Aber nun zu Psalm 130, der eine Pilgerreise der besonderen Art für die Beterin und den Beter bereithält. Luthers Lieblingspsalm soll er gewesen sein. Sein Lied „Aus tiefer Not schrei ich zu Dir" ist von ihm inspiriert. Ein Psalm, so lese ich es in den Kommentaren, der einen guten Ausblick auf das Neue Testament gibt: Nicht „Zahn um Zahn", sondern Vergebung der Schuld, „sola gratia", allein aus Gnade, ist der Weg

Gottes. Ein Psalm also, der in die Tiefe dessen geht, was mit der Lehre von der Rechtfertigung gemeint ist. Wenn ich mich in Psalm 130 hineinbegebe, dann setze ich mich dem aus. Und ich verstehe mehr davon, von diesem „sola gratia“, das auf den ersten Blick so leicht zu erlangen und einfach anzunehmen ist.

Psalm 130 öffnet mir aber auch die Augen für die andere, die dunkle Seite des „sola gratia“. Die dunkle Seite – das sind für mich die Zweifel und das ruhelose Warten dessen, der auf Vergebung seiner Schuld hofft. Denn der Beter weiß ganz genau, dass er vor Gott mit seiner Schuld nicht bestehen kann. Seine Sünden sind einfach zu groß. Wenn Gott sie anrechnen würde, wäre er verloren. Deshalb ist das Einzige, was ihm bleibt, dort in der Tiefe auf Gottes Gnade zu hoffen. Er kann nichts tun, außer zu warten. Dieses Angewiesensein auf Gott ist vielleicht eine der schwersten Bürden der Glaubenden. Denn eine solche hoffende und wartende Existenz ist mitnichten eine schwerelose und gleichgültige! Genau das aber wird ja der Rechtfertigungslehre so häufig vorgeworfen – dass es billige Gnade sei, die da propagiert wird.

Ich muss gestehen, dass ich selbst häufig damit gehadert habe. Mit dieser Gnade, die Gott mir einfach zuspricht, ohne dass ich etwas leisten muss – aber auch ohne dass ich etwas leisten kann! Die Rechtfertigungslehre versetzt mich in eine Passivität, die ich nicht leicht aushalte. Denn als Mensch, der im 21. Jahrhundert lebt, definiere ich mich vor allem dadurch, wie aktiv ich selbst mein Leben gestalten kann. Wie gut es einem dagegen gelingt, eine Grundpassivität in den wesentlichen Lebensfragen auszuhalten, scheint mir kein Qualitätsmerkmal des postmodernen Menschen zu sein. Zwei große Themen werden in Psalm 130 angesprochen, denen ich intensiver nachgehen möchte. Denn sie werfen ein neues Licht auf meine Gottesbeziehung, sie helfen mir, diese zu verstehen. Sie führen mich also auf meine ganz persönliche Pilgerreise. Das eine Thema ist die Tiefe, aus der heraus der Beter zu Gott schreit. Das andere das Warten als besondere Herausforderung dessen, der nach Gott sucht.

Aus der Tiefe

Die Tiefe ist in der hebräischen Bibel der Ort, an dem Gott nicht ist. Es ist das Tal oder die Meerestiefe, die weit entfernt ist von der Welt der Lebenden. „Und ob ich schon wanderte im finstern Tal", dieser Satz aus Psalm 23 macht die existenzielle Not, in der sich der Beter befindet, wenn er in der Tiefe ist, noch deutlicher. Wer im Tal ist, ist nämlich nicht auf den grünen Auen und am frischen Wasser unterwegs, sondern im Schatten, in der Nacht. Er wartet sehnsüchtig wie ein enttäuschter Liebender auf den Morgen und ungeduldig wie ein Nachtwächter auf das Ende seiner Schicht. Er wartet auf den Tag, weil er glaubt, dass Gott nur ein Gott des Lichts, also des Lebens ist. In Seelsorgegesprächen erlebe ich immer wieder, dass genau dieses Gottesverständnis ganz tief in uns Menschen verankert ist: Viele meinen, Gott sei nur bei denen, die auf der Lichtseite des Lebens unterwegs sind. Sie fühlen sich von Gott verlassen, wenn sie krank oder einsam sind. Sie fragen sich, was sie so Schlimmes getan haben, dass Gott sie nicht mehr ansieht. Ich kenne das auch von mir selbst. Während einer langen Krankenhauszeit habe ich mit Gott gehadert. Ich fühlte mich von ihm verstoßen. Ich bat ihn um ein erlösendes Wort. Ich betete, ich weinte, ich bettelte ihn an. Aber das ersehnte Wort kam nicht. Nach einer gefühlten Ewigkeit, es müssen ein paar Wochen gewesen sein, habe ich den Blick endlich auf das kleine Kreuz gerichtet, das dort im Krankenhauszimmer hing. Und ich habe begriffen: Jesus selbst, der menschgewordene Gott, ist hier bei mir, in der Tiefe. Er ist der, der am Kreuz hängt, verraten und verachtet. Gott ist nur deshalb in Jesus Mensch geworden, um mir beizustehen. Um mit mir zu schreien: „Mein Gott, mein Gott, warum hast Du mich verlassen?“ Das Kreuz ist für mich seitdem zum zentralen Inhalt meines Glaubens geworden. Nur vom Kreuz her, also aus der Dunkelheit der Gottesferne heraus, kann ich mein Leben als ein Leben mit Gott verstehen. Nur aus der Tiefe heraus kann ich selbst begreifen, wie nah mir Gott ist. Und zwar paradoxerweise gerade dann, wenn ich es am wenigsten vermute.

Beim Pilgern ist das ja ganz ähnlich. Die tiefen Erfahrungen mache ich dann, wenn ich am Ende bin – körperlich und seelisch. Wenn die Füße schmerzen und meine Kehle trocken ist. Wenn ich nach Stunden, in denen ich nur auf meine Schuhe und den Weg vor mir geschaut habe, endlich wieder die Augen hebe und eine weite, schöne Landschaft vor mir sehe. Genau in diesen Momenten beginne ich zu begreifen, wie kostbar und wertvoll ich bin. Und zwar genau so, wie ich da stehe. Verschwitzt, mit schmerzenden Füßen und schweren Beinen. Mit meinen Gedanken, die um die immer gleichen Probleme kreisen oder um die Momente, in denen ich schuldig geworden bin. Ich spüre in diesen Augenblicken, dass Gott mich liebt. Und ich weiß ganz tief in mir, dass ich nichts, rein gar nichts dafür tun kann, dass das so ist. Ich kann nur mein Herz für ihn öffnen und ihm das hinhalten, was mich beschäftigt oder quält.

Über das Warten

Das Warten ist eine unzeitgemäße Tugend. Heute warten nur die, die sowieso keine Zeit mehr zu verlieren haben. Heute muss man handlungsfähig sein, um am gesellschaftlichen Leben teilzunehmen. Denn der, der wartet, macht sich abhängig: Er ist auf denjenigen angewiesen, auf den er wartet. Er steht in einer ständigen Beziehung, die von der anderen Seite nicht erwidert wird. Deshalb ist Warten eine demütigende Position. Es ist die Position dessen, der sein Leben auf etwas ausrichtet, das er aus sich selbst heraus nicht herstellen kann. Vielleicht ist es deshalb gerade das Warten, das mir einen Zugang dazu verschafft, wie diese zunächst so abstrakt klingende Lehre von der Rechtfertigung allein aus Gnade zu begreifen ist.

Wer schon einmal gewartet hat – auf eine unerwiderte Liebe oder die Zusage für diesen oder jenen beruflichen Schritt –, der weiß, wie zermürbend das sein kann. Wir Deutschen scheinen da besonders empfindlich zu sein. Das beginnt ja schon bei ein paar Minuten Verspätung bei der Deutschen Bahn. Sie können zu heftigen emotionalen Äußerungen der wartenden Reisenden auf dem Bahnsteig führen. In Indien habe ich manchmal Stunden auf die Ankunft eines Zuges gewartet. Und mit mir viele andere. Aber niemand hat sich lautstark dazu geäußert. Weil das Warten in der indischen Kultur grundsätzlich nicht negativ besetzt ist. Man geht im Gegenteil davon aus, dass es keinen Unterschied macht, ob ich ein paar Stunden früher oder später an einem bestimmten Ort ankomme. Es ist dort nicht die Aktivität, die über den Wert eines Lebens entscheidet. Auf Gott warten. Vielleicht können das Menschen anderer Kulturkreise besser als wir Deutschen. Ich zumindest tue mich sehr schwer damit. Wenn ich mit Gott Kontakt aufnehme, dann möchte ich gehört werden. Und zwar nicht irgendwann, sondern genau in dem Moment, in dem ich Zeit für ihn habe! Schließlich kann ich nicht ständig und immer Zeit für Gott haben! Manchmal – und das ist eigentlich meistens – bin ich nämlich mit meinen Alltagsunternehmungen ziemlich beschäftigt. Da darf mir Gott nicht einfach reinfunken! Aber leider, leider hält sich Gott nicht an meine Wünsche. Oft genug habe ich schon dagesessen und gebetet, aber nichts ist passiert. In wie vielen Gottesdiensten war ich schon und konnte einfach nicht spüren, dass Gott auch anwesend ist! Vor einiger Zeit bin ich auf ein Feld gelaufen. Bis in die Mitte. Ich wollte es einmal ausprobieren, wollte Gott zur Rede stellen. Und zwar dann, wenn ich ihn brauche. Nicht umgekehrt! Ich wollte von ihm einen Beweis dafür bekommen, dass er da ist. Ich habe also gerufen und geschrien. „Gott, wo bist Du?" Aber es kam nichts zurück, außer dem Echo meiner eigenen Stimme. Ich ging wieder den weiten Weg aus dem Kornfeld heraus und war innerlich leer. Denn ich hatte begriffen, dass es so nicht funktioniert mit dem Glauben. Ich kann rufen und schreien, Gott herausfordern. Doch kann ich ihn nicht bezwingen.

Als Glaubende ist es also mein Schicksal, in Warteposition zu sein. So wenig mir das auch passt. Der Beter aus Psalm 130 weiß davon. Er weiß, wie ewig lang sich eine Nacht anfühlen kann, wenn man Nachtwache hat. Als ob der Morgen niemals wiederkommt. Aber irgendwann – so viel ist sicher – geht auch für den Wartenden die Sonne auf. Nur wann?

Resümee

Zugegeben – mit dem Begriff Wallfahrtspsalmen konnte ich bis vor Kurzem wenig anfangen. Allein das Wort klang zu fromm in meinen Ohren. So rein und keusch, weltfremd irgendwie. Bis ich mich selbst mit Psalm 130 auf eine Wallfahrt begeben habe. Und ich musste erkennen, dass diese Reise so gar nicht keusch und unschuldig war, wie ich vermutet hatte! Ich bin auf der Wallfahrt in den Tiefen meiner Seele angelangt und bei den wesentlichen Themen, die mein Verhältnis zu Gott bestimmen. Vor allem die Tiefendimension des Glaubens hat sich mir auf dieser Reise wieder neu eröffnet. Ich habe die Tiefe, die Gottesferne als einen Ort wiederentdeckt, an dem ich Gott, und damit auch mir selbst, näher sein kann, als ich es je vermutet hätte. Auch die Qual des Wartens auf Gottes Wort und die darin liegende Verheißung konnte ich neu erspüren. Im Selbstversuch habe ich mich in diese Tiefe hineingegeben. Dabei hat sich aus einem verhaltenen Krächzen eine wunderbare Hymne entwickelt. Aus dem einsamen Um-sich-selbst-Kreisen ein Wechselspiel zwischen Gott und mir. Die einsame Tiefe hat sich verwandelt in einen Klangraum, eine Resonanzhöhle für die unendlich schöne Harmonie der Liebe Gottes. Vielleicht ist das die Botschaft, die Psalm 130 mir geschenkt hat: Gottes Verheißung beginnt nicht irgendwo in himmlischen Höhen, sondern in der Tiefe. Sie beginnt direkt bei mir. Und sie ist herrlicher als alles, was ich aus mir selbst heraus zuwege bringen kann.

Nora Steen ist Pastorin der Citykirche in Hildesheim und bekannt als Sprecherin der Sendung „Wort zum Sonntag“ (ARD).

Ruhe

Psalm 131
1 Ein Wallfahrtslied. Herr, mein Herz ist nicht stolz, nicht hochmütig blicken meine Augen. Ich gehe nicht um mit Dingen, die mir zu wunderbar und zu hoch sind.
2 Ich ließ meine Seele ruhig werden und still; wie ein kleines Kind bei der Mutter ist meine Seele still in mir.
3 Israel, harre auf den Herrn von nun an bis in Ewigkeit!
(Einheitsübersetzung)

Norbert Roth

Bloß nicht bewegen! Versteinert blieb er stehen, als er aus der Dusche gestiegen war. Wie ein Lauscher an der Wand vermied er jede Bewegung. Denn er wollte nicht durch das Knacksen der nach langer Reise mürben Gelenke, durch das Tapsen der baren Füße auf kühlem Steinfußboden und durch das Streichen des Handtuchs auf nasser Haut jenes Geräusch übertönen, das er meinte, gerade vernommen zu haben. Da! Da war es wieder. Wohl ein Steinkauz, ein Uhu, eine Eule – irgendein Nachtvogel rief sein Geheimzeichen in die pechschwarze Dunkelheit. Der kurze Laut war das einzige Geräusch, das er neben dem Rauschen des eigenen Blutes ausmachen konnte. Sonst nichts! Selbst das fallende Wasser beim Duschen kam ihm eben noch vor wie das Rauschen der Niagarafälle. Als wollte er den fernen Vogel nicht stören, drehte er den Wasserhahn noch ein zweites Mal zu, fester zu als sonst, trocknete sich ab und zog sich im Flüsterton die Kleider über den Körper.

„Wo sind wir hier nur?", nuschelte er hinter vorgehaltener Hand ein wenig später einem der Mitreisenden zu. Es war ihm, als stemme sich das schwache Licht im Bad mit aller Kraft gegen die Dunkelheit der kommenden Nacht. Kein Flugzeug zog brummend am Himmel entlang. Kein Zug eilte aus der Ferne rauschend dem Bahnhof zu, und kein Auto bog zuckelnd in die nächste Seitenstraße ab. Da war nichts. Einfach nur Stille. „Wo sind wir hier nur?“ fragte er sich, und selbst dieser Gedanke schien ihm zu laut, um ihn überhaupt zu denken.

Noch vor zwei Stunden schaukelten sie im Kleinbus durch die Täler der südfranzösischen Provence. Laute Musik, ausgelassene Gespräche und lebendiger Straßenlärm. Unmerklich verlangsamte sich alles um sie. Auch sie wurden langsamer und stiller. Sie bogen in die Berge ab, das Ziel klar und zugleich völlig vage vor dem inneren Auge. Schlaufe um Schlaufe schraubte und schnaufte sich der tapfere Turbodiesel den Hang hinauf. Von oben ein atemberaubender Blick. Nur der Himmel und die Felsen. Vor ihnen der Abgrund. Unten, ganz unten im Tal, wohin es die Sonne nur etwa vier Monate im Jahr schafft, lag das Ziel ihrer Fahrt. Wie ein getarnter Falter, zart, zurückgezogen und nur mit zusammengekniffenen Augen wirklich auszumachen, lag das Kloster Sénenaque zu ihren Füßen. Auf die Entfernung schien es noch schüchterner, als sie es bereits von Bildern kannten. Bezaubernd.

Als die Mönche ihren Besuch beim Abendgebet bemerkt hatten, waren sie auch schon aufgenommen. Sie hätten ihre Gastfreundschaft beleidigt, wären sie nicht wenigstens eine Nacht geblieben. Die unwiderstehliche Herzlichkeit der Mönche, die etwas scheu daherkommt und sich in aufrichtigen Blicken ausdrückt, beeindruckte sie. Er und seine Freunde sind gerne eingezogen. Nun, nach Gebet, Abendessen und der lang ersehnten Dusche, ließ ihn die Eule so langsam erahnen, wo sie tatsächlich angekommen waren.

Wie laut Stille sein kann, hat er wohl dort im Kloster das erste Mal in seinem Leben wirklich erfahren. Klar, es gibt Orte, da ist es leise. Die eigene Wohnung hat ruhige Lage und der Motor des neuen Wagens einen ruhigen Gang. Aber diese Art von Stille, die alles so umfing, dass sogar ein Käuzchen im Fortissimo ruft, war ihm neu. Er ging zu Bett. Kein Fernsehgerät, kein mp3-Player und kein Rechner griffbereit, der ihm hätte helfen können, der Stille zu entgehen, vom Handy gar nicht zu reden. Ob er Empfang hätte haben können, versuchte er erst gar nicht herauszubekommen. Sein Innenleben sprang zwischen Ruhe und Panik hin und her. „Diese Stille! Lebt hier noch was? Was fang ich mit mir an?“ Keine Chance auf Zerstreuung. Zumindest der Uhu da draußen ließ ihn wissen, dass er noch lebte.

Für gewöhnlich erlaubt man sich Ruhe nicht. Man flieht vor ihr. Eigenartig, denn kaum etwas wird mehr ersehnt als Ruhe. Aber echte Ruhe wird vermieden. Das sollte er ernsthaft zu spüren bekommen, als ihm in der Provence kein Weg blieb außer der in das Ruhigwerden. Die Umgebung des Klosters in Frankreich provozierte seinen Widerstand. Also begann er zu lesen. Doch die fremden Gedanken auf den Seiten hatten die Wucht der Geräuschkulisse einer Großraumdiskothek. Es war kaum auszuhalten. Er fummelte am Handy herum, las alte SMS, ging das Kontaktverzeichnis durch. Um alles in der Welt diese Einsamkeit überwinden. Doch zwecklos. Also löschte er das Licht dieser stillen Nacht, um zu schlafen.

Nun begann etwas, was er nur aus seiner Großstadtwohnung kannte, wenn er sich, gehetzt von den Terminen und

Aufgaben, für die wenigen Stunden der Nacht ins Bett legte. Das Spiel namens Schlaflosigkeit. Dieses Spiel läuft bei ihm folgendermaßen ab: Man legt sich in seinem Bett nieder und hört zu, wie alles nach und mach stiller wird und die Stadt im Schlaf versinkt. Dies geschieht aber, ohne dass man selbst einschläft. Dann zählt man die Viertelstunden, nach dem Schlag der Kirchturmuhr, und bleibt wach – Stunde um Stunde.

Aber hier wurde seine Schlaflosigkeit zu einer Art Gebet. Er lag einfach da, untätig, hilflos, allein, im Dunkeln, und ließ sich von der unerforschlichen Tyrannei der Zeit erdrücken. Die Matratze wurde zum Altar, und er gab sich keine Mühe mehr zu verstehen, in welchem Sinne er das Opfer der eigenen Umstände, Hektiken und Hilflosigkeiten geworden war. So lag er nun da, im Tal mit der Eule. Schlaflos, hellwach und wehrlos. Draußen in der weiten Welt lief das Leben genauso weiter wie immer. Draußen, wo es Nacht ist, ist vielleicht ein Mensch, der plötzlich begreift, dass etwas, was er getan hat, furchtbar ist. Völlig unerwartet befällt ihn Trauer, und er entdeckt, dass er beten kann ...

Also auch der Schlaf vermochte es nicht, ihn der Stille und der Einsamkeit – dieser unglaublichen Ruhe – zu entreißen. So schonungslos auf sich selbst und auf die eigenen Abgründe geworfen zu sein, beunruhigte ihn vielmehr. Hätte er gekonnt, er wäre aufgestanden, um zu joggen. Laufen wollte er, erkannte aber sofort den Wunsch nach Ausweg und Flucht. Er wagte es also nicht, zumal er gar nicht wusste, ob er aus dem Kloster überhaupt raus und, wenn ja, jemals wieder reinkommen würde. Die Einsamkeit und die Stille zwangen ihn, sich selbst zuzuhören ... Wirklich mal hinhören, was man denn eigentlich will. Nicht nur das zu hören, was andere von einem wollen, sondern sich selbst.

Plötzlich wurden ihm Dinge wichtig, die nebensächlich erscheinen, wenn man so lebt, wie man heute halt lebt. Aber genau das wollte er jetzt. Die Geborgenheit aufrichtiger Freundschaften, die sich verlieren, weil man dem Freund nicht zuhört, sondern nur von eigenen Erfolgen erzählt. Die Nähe der Familie, die aus dem Blickfeld verschwindet, weil man meint, das Elternhaus überboten zu haben. Und die Entspanntheit fauler Stunden, die man sich selbst verbietet, weil einem beigebracht wurde, dass das Leben kurz und die Möglichkeiten unendlich sind. Hier schien das nun umgekehrt. Die vielen Möglichkeiten griffen viel zu kurz, und ein Hauch von Unendlichkeit durchzog für einen Augenblick sein Leben.

Er weiß heute nicht mehr, wie lange er so dalag. Uhr und Handy hatte er weggepackt. Die Turmuhr verstummte irgendwann ganz. Das karge Zimmer roch etwas muffig, die Scheiben waren in den Ecken leicht beschlagen. Die Schlichtheit dieser Umgebung, der fehlende Schlaf, der sich einfach nicht finden lassen wollte, die schiere Einsamkeit. Ihm schien, als hätte Gott nun zwar Raum, ihn aber völlig vergessen. Wo war ER jetzt nur? Bei den Mönchen? Bestimmt. Diese hageren Männer lebten hier seit Jahren ein ruhiges, gottgefälliges Leben. Sie beteten, bestellten ihre Felder und boten ihre Waren zum Verkauf an. Sonst nichts. Und das immer am selben Ort. Gott hatte sie nicht vergessen – davon war er sehr schnell überzeugt. Aber hatte er ihn vergessen? So gottgefällig und einfach lebte er nicht. Oder war es vielleicht umgekehrt? Hatte er vielleicht Gott vergessen? Die Stille hier warf ihn schonungslos auf diese Fragen, weil alle Ablenkung schweigen musste. Nein,

Gott vergisst nicht. Aber er hatte vergessen, wie man betet, wo Gott zu finden ist und wie gut ER ist.

So lag er nun da, schlaflos, einsam und gottvergessen. Langsam zog es ihm die Augen zu. In dem Zustand zwischen Wachsein und Einschlafen fallen einem ja oft merkwürdige Dinge ein. Erinnerungen, Bilder, Gerüche, Lieder oder auch Texte. So einer kam ihm jetzt in den Sinn. Vorhin beim Abendgebet der Mönche war er zu hören. Ein Psalm. Was sonst? Eigenartig kurz ist der. Ganz besonders und nur ein Thema: „Herr, mein Herz ist nicht stolz, nicht hochmütig blicken meine Augen. Ich gehe nicht um mit Dingen, die mir zu wunderbar und zu hoch sind. Ich ließ meine Seele ruhig werden und still; wie ein kleines Kind bei der Mutter ist meine Seele still in mir. Israel, harre auf den Herrn von nun an bis in Ewigkeit!"

Es ist gut, dass die alten Texte all das so wunderbar formulieren können, wofür man selbst meist keine Worte findet. Der Psalm drückte genau das aus, was ihm diese Stunden der Nacht gerade bereiteten. Auch wenn es schonungslos und widerständig war. Sich einfach lassen – loslassen in die Ruhe, in die Stunde und in Gottes Gegenwart. Das konnte er nun. Aber er wusste auch – machen kann man so was nicht. Es ist ein Geschenk. Wie der Trost einer Mutter für ein nervöses Kind. Die Augen schließen. Die Außenwelt für einige Augenblicke aussperren. Sie geht deswegen nicht unter. Man selbst auch nicht. Die Dinge, die zu groß für einen sind, stemmt man eh nicht alleine. Das wurde ihm klar. So schlief er langsam ein. Gottes Nähe, seine Ruhe und die geschenkte Gelassenheit. Sein letzter Gedanke ...

Dr. Norbert Roth ist Pfarrer, Psychologe und Kirchenmusiker.

Aufstieg

Psalm 132

1 Ein Wallfahrtslied. Gedenke, HERR, an David und all seine Mühsal,

2 der dem HERRN einen Eid schwor und gelobte dem Mächtigen Jakobs:

3 Ich will nicht in mein Haus gehen noch mich aufs Lager meines Bettes legen,

4 ich will meine Augen nicht schlafen lassen noch meine Augenlider schlummern,

5 bis ich eine Stätte finde für den HERRN, eine Wohnung für den Mächtigen Jakobs.

6 Siehe, wir hörten von ihr in Efrata, wir haben sie gefunden im Gefilde von Jaar.

7 Wir wollen in seine Wohnung gehen und anbeten vor dem Schemel seiner Füße.

8 HERR, mache dich auf zur Stätte deiner Ruhe, du und die Lade deiner Macht!

9 Deine Priester lass sich kleiden mit Gerechtigkeit und deine Heiligen sich freuen.

10 Weise nicht ab das Antlitz deines Gesalbten um deines Knechtes David willen!

11 Der HERR hat David einen Eid geschworen, davon wird er sich wahrlich nicht wenden: Ich will dir auf deinen Thron setzen einen, der von deinem Leibe kommt.

12 Werden deine Söhne meinen Bund halten und mein Gebot, das ich sie lehren werde, so sollen auch ihre Söhne auf deinem Thron sitzen ewiglich.

13 Denn der HERR hat Zion erwählt, und es gefällt ihm, dort zu wohnen.

14 „Dies ist die Stätte meiner Ruhe ewiglich; hier will ich wohnen, denn das gefällt mir.

15 Ich will ihre Speise segnen und ihren Armen Brot genug geben.
16 Ihre Priester will ich mit Heil kleiden, und ihre Heiligen sollen fröhlich sein.
17 Dort soll dem David aufgehen ein mächtiger Spross, ich habe meinem Gesalbten eine Leuchte zugerichtet;
18 seine Feinde will ich in Schande kleiden, aber über ihm soll blühen seine Krone."
(Luther 1984)

Christian Probst und Günter Kusch

Auf der langen Pilgerstrecke, kurz vor dem Ziel, begegnen sich drei Personen und gehen ein Stückchen miteinander: Ein Pfarrer aus unserer Zeit beschreibt seine Erfahrungen mit einem Song, der ihn schon sein Leben lang begleitet. Eine Reporterin schildert ihre Eindrücke vom Laubhüttenfest. Und ein israelischer Pilger spricht über spirituelle Erfahrungen auf dem Pilgerweg seines Lebens. Im Trialog der drei verschiedenen Menschen verbinden sich ihre Erfahrungen mit Versen aus Psalm 132 und bringen sie vorwärts zum Ziel ihrer Reise.

Pfarrer: „Es gibt Momente, da holt dich das Leben wieder ein. Bei mir war es ein Lied, das ich als junger Theologie-Student hörte. Während eines Gemeindepraktikums in Freiberg in Sachsen. Damals, als die Mauer noch stand. Mit einer Jugendgruppe besuchten wir ein Konzert von Gerhard Schöne. Zwei Dinge begeisterten mich sofort an diesem lebensfrohen und kritischen Liedermacher aus dem Osten. Sein Motto: Meine Songs sollen Lebenszeichen sein. Sie sollen ansingen gegen alles, was Leben einschränken oder verhindern will. Und zweitens seine ansprechenden Aktualisierungen oder Weiterdichtungen bekannter Gesangbuchlieder.

Es sollten 25 Jahre vergehen, bis ich wieder einen Auftritt von Gerhard Schöne erlebte. Er war mit zwei weiteren Musikern in einer Nachbargemeinde zu Gast, um sein neues Programm zu präsentieren. Ganz zum Schluss des Konzertes war es dann zu hören, das Lied, das mich schon damals bezaubert hatte, Jesu, meine Freude mit zeitgemäßen Worten:

Jesu, Freund der Armen,
groß ist dein Erbarmen mit der kranken Welt.
Herrscher gehen unter,
Träumer werden munter, die dein Licht erhellt.
Und wenn ich ganz unten bin,
weiß ich dich an meiner Seite! Jesu, meine Freude.

Für mich war das ein Moment, in dem mich das eigene Leben einholte. Ich wusste plötzlich, warum mir dieses Gesangbuchlied in den vergangenen Jahren so wichtig wurde. Momente, in denen uns das Leben einholt und wir erleben, wie das Gestern und das Heute quasi gleichzeitig werden, können wir nicht herbeiführen oder einfach ‚machen'. Sie kommen über uns, überfallen uns, lösen Glücksmomente oder Erstaunen aus. Wir halten inne, blicken zurück, staunen still, sind ergriffen, wissen vielleicht eine Zeitlang nicht weiter, scheinen uns im Kreis zu drehen und fühlen uns schwindlig. In unserem Verstand öffnet sich dann eine innere Tür. Wir erkennen Zusammenhänge ganz neu, das Frühere wird plötzlich verständlich, macht Sinn und fügt sich wie selbst in den bisherigen Weg ein. Dann verstehen wir: Ach ja, deshalb ist mein Leben bisher so und nicht anders verlaufen."

Reporterin: „Ich kenne das ganz gut. Man könnte auch von Augenblicken der Selbstbegegnung sprechen: Ein Satz, den mir mein Vater einst mit auf den Weg gegeben hat, gewinnt nach vielen Jahren plötzlich Bedeutung. In einer Diskussion mit Freunden erhalte ich eine ungewohnte und hilfreiche Sichtweise. Eine neue Liebe verwandelt mich von Grund auf. Ein Konzert, ein Kunstwerk, ein Theaterstück oder eine andere kulturelle Veranstaltung berühren mein Herz. Ein Spaziergang sorgt für einen freien Kopf und für inspirierende Gedanken. Das freundliche Lächeln eines Kollegen wischt meine schlechte Laune hinweg. Als ich Regale vom Staub der Zeit befreie, fällt plötzlich ein Zettel mit meinem Konfirmationsspruch aus einem Buch und bringt mich zum Grübeln. Der Besuch einer Kirche im Urlaub schenkt mir die nötige Ruhe zum Auftanken. Am besten beschreibt ein Satz aus dem fünften Akt von Goethes Faust dieses Erleben: Zum Augenblicke dürft' ich sagen: Verweile doch, du bist so schön!

Ja, es gibt solche Momente, da holt uns das Leben wieder ein – und aus dem Dunkel der Vergangenheit entspringt ein Licht. In vielen Bereichen ist das noch ein Wunsch, eine Vision, ja Sehnsucht. Etwas, das noch unerfüllt ist. Wahrscheinlich machten sich deshalb schon immer Menschen auf die Suche, begaben sich an mystische Orte, durchwanderten Wüsten und Wälder oder erklommen die höchsten Berge, um der Erfüllung dieser Sehnsucht nach Sinn im Leben ein wenig näherzukommen. Der Mensch ist ein Suchender. In Psalm 132 wird dem Ziel sogar ein Name gegeben: Der Beter sehnt sich nach einem Ort, wo Gott wohnt. Immer wieder taucht dieses Motiv auf und damit die Aufforderung, für Gott eine Wohnung zu bereiten. Eine Stätte, wo geschundene Seelen Ruhe finden, einen Ort, von dem Heilung ausgeht und den Armen sättigende Speise und Brot geschenkt wird. Heimat finden bei Gott, das wär's – ‚verweile doch, du bist so schön!'"

Israelischer Pilger: „Ich sehne mich danach, endlich die Zinnen des Tempels zu sehen, wenn ich den letzten Weg hinauf zum Berg Zion bewältige. Der Zion ist Ziel der Wallfahrer, denn er ist der Ort, den sich Jhwh erwählt hat und an dem er wohnen will.[22] Auf dem heiligen Zion ist Gott gegenwärtig. Vom Zion aus geht Gottes Segen auf die Menschen über. Dieser Segen des barmherzigen Gottes erfasst den, der den Herrn fürchtet, und bleibt dem vorenthalten, der Zion hasst.[23] Dieser Ort ist ein Symbol der Sehnsucht für das zerstreute Israel. Immer wenn ich mich als Pilger auf den Weg mache, bin ich von dieser Sehnsucht ergriffen: dem Wunsch, Gott ganz nah zu sein, seine Kraft im Alltag zu spüren und dadurch das Ziel für den eigenen Lebensweg zu entdecken.

Führt ein Weg bergauf, kann das eine ganz schöne Quälerei sein. Wenn die Hänge steiler werden, kann man sich fast schon ausrechnen, in welcher Geschwindigkeit sich der Atem hebt und senkt. Die zentrale Pumpe pumpt und pocht. Mal entspannt, dann wieder in einer hochtaktigen Schlagfrequenz. Der Schweiß perlt von der Stirn, und der Wanderer sehnt sich nach einer Verschnaufpause. Wie lange dauert es denn noch? Wann sind wir endlich da? Mit der Stimme eines Dreijährigen meldet sich diese Frage in meinem Kopf. Manchmal sehne ich mich zurück in meine Kinderzeit, als ich die Eltern mit allen Fragen löchern konnte. Doch jetzt bin ich auf mich alleine gestellt. Auf die Intuition. Den guten alten Kompass, die vor mir breit getretenen Wege und den Stand der Sonne. Wenn uns die

Reise dann endlich in die heilige Stadt führt, fühlt es sich an, als würden uns die Feste über Generationen und Jahrhunderte hinweg mit unseren Vorfahren verbinden."

Reporterin: „Wie wunderbar muss es für die Pilger der alten Zeit gewesen sein, endlich anzukommen. Ich kann mir lebhaft vorstellen, wie es gewesen ist, das Ende des Pilgerns beim Laubhüttenfest in Jerusalem. Vor meinem inneren Auge kann ich es geradezu sehen ...

Die Stadt ist voll von Pilgern, die sich dem festlichen Zug zum Tempel anschließen. Sie feiern das Laubhüttenfest, oder auch Sukkot, um Gott für die Ernte zu danken und an die lange Reise der Vorfahren durch die Wüste zu denken, die jahrzehntelang in spärlichen Hütten hausen mussten. Weil es als letztes der drei großen jüdischen Wallfahrtsfeste stattfindet, steht das Laubhüttenfest als besonders fröhliche Feierlichkeit im Jahreskreis.[24] Nach der langen Reise sind die Stufen zum Tempel der letzte große Aufstieg.

Die Feierlichkeiten im Vorhof des Tempels sind sehr lebhaft. Im äußeren Vorhof[25] stehen goldene Leuchter mit je vier goldenen Schalen auf ihren Spitzen.[26] Vor den Leuchtern stehen Leitern und junge Priester, die Öl in die Schalen gießen und sie mit der Hilfe von Dochten anzünden, die aus ausgedienten Priestergewändern gedreht wurden. Auf den 15 Stufen, die zum inneren Tempelvorhof führen, musizieren die Leviten. Mit Harfe, Leier, Zimbel, Trompete und anderen Musikinstrumenten singen sie festliche Lieder. Manche Festbesucher tanzen begeistert mit brennenden Fackeln in den Händen und stimmen ein in das Lob Gottes: HERR, mache dich auf zur Stätte deiner Ruhe, du und die Lade deiner

Macht! Deine Priester lass sich kleiden mit Gerechtigkeit und deine Heiligen sich freuen.[27]

Bis zur Morgendämmerung tanzen und singen sie. Die überschwängliche Freude aller Festbesucher am Vorabend des traditionellen Wasserschöpfens wird in der ganzen Stadt spürbar. Wie es auch in den mündlich überlieferten jüdischen Lehren, der so genannten Mischna, heißt: Wer die Freude des Wasserschöpfens nicht miterlebt hat, hat zeitlebens keine wirkliche Freude erlebt.[28]

Am Morgen des zweiten Festtages pilgert dann eine Schar von Menschen zur Shiloa-Quelle. Ihrem Wasser werden Heilkräfte nachgesagt. Ein Priester füllt dort eineinhalb Liter in eine goldene Kanne und trägt das Wasser zum Altar im Tempel. Dort werden Wasser und Wein, die sich in zwei Silberbechern mit fingergroßen Löchern befinden, ausgegossen und strömen über den Altar zum Boden. Die Freude bei diesem festlichen Zeremoniell ist überwältigend. Das über den Altar fließende Wasser wird mit einer Verheißung des Propheten Jesaja in Verbindung gebracht, nach der die Quellen des Heils über die Menschen ausgegossen werden.[29] Das Rieseln der Quelle wächst zu einem Strom der Freude und des Segens heran. Dieser wird immer breiter und mitreißender. Wie das Wasser aus Quellen zu Flüssen wird, die in den Ozean strömen, soll auch der Segen Gottes immer breiter und weiter werden, bis er sich heilvoll am Ende der Zeit auf der ganzen Welt verbreitet hat."

Israelischer Pilger: „Wie sie gerade schildern, wurden die ‚Aufstiegslieder' wahrscheinlich wirklich am ersten Abend des Laubhüttenfestes im Tempel aufgeführt. Sie wurden dort von den levitischen Tempeldienern musikalisch dargeboten. Die Festbesucher stimmten in die bekannten Gesänge mit ein. ‚Ich will meine Augen nicht schlafen lassen noch meine Augenlider schlummern, bis ich eine Stätte finde für den HERRN, eine Wohnung für den Mächtigen Jakobs.' Diese Zeilen aus Psalm 132 reihten sich ein in das nächtliche Loben und Preisen Gottes im Heiligtum. Nach dem Laubhüttenfest beginnt in Israel die Regenzeit. Aus dem Ritual des Wasserschöpfens fließt die Hoffnung, dass sich der Regen auch für die kommende Ernte als Segen von oben erweisen wird. Die Freude an den Erntegaben verbindet sich an Gottes Quellen des Heils mit den Wegen der Menschen, die in Scharen zu den heiligen Orten strömen.

Das Laubhüttenfest in Jerusalem ist laut dem Propheten Jesaja auch das Fest, zu dem die Nationen am Ende aller Tage nach Jerusalem pilgern werden.[30] Darum sind die Feierlichkeiten sowohl vom Blick in die Vergangenheit gezeichnet als auch von der Vorausschau in die Zukunft, Momente, in denen uns das Leben einholt und seiner Verästelungen und Verbindungen bewusst macht. Wir denken nicht nur an die vergangene Wüstenwanderung eines aus Ägypten fliehenden Volkes und wie Gott unsere Vorfahren auf wunderbare Weise versorgt hat. Die Geschichte verzweigt sich in ihrer Lebendigkeit bis in unsere heutige Zeit, und wir setzen unser Vertrauen auf Gott, dass er die Seinen auch zukünftig bewahren wird. Die Israeliten mussten in Hütten wohnen, die sich an jedem neuen Ort der Wüstenwanderung wieder leicht und schützend aufbauen ließen. Das Dach des zeltartigen Gebäudes war besonders wichtig als Schutz vor der sengenden Sonne. Es bestand aus Zweigen, Stroh und Reisig. Während des Tages schufen die

Hütten dadurch einen schattigen Zufluchtsort. Aber in der Nacht sollte man trotzdem durch die Ritzen der Zweige den Himmel und die Sterne schimmern sehen. Dieser besondere Blick erinnerte sie an den Zukunftsaspekt des Festes. Irgendwann wird Gott diese Erde vollständig erneuern. Bis dahin befinden wir uns in diesem Leben ebenfalls auf einer Wanderung. Wir sind Pilger auf Erden, bis die Zweige des Daches am Ende aller Wanderungen abgedeckt werden, wir uns in Gottes unendlicher Nähe befinden und Himmel und Erde eine Einheit bilden –, verweile doch, du bist so schön.'"

Pfarrer: „Wenn wir durch unser Leben pilgern, bedeutet ein Ziel, das über uns liegt, immer eine Sinneserweiterung. Wir werden angetrieben von der Hoffnung, dass wir von unseren alltäglichen Leinen losgelassen werden und ein Ziel erreichen können, von dem wir vielleicht vorher nur geträumt haben.

Sankt Augustin von Hippo verstand die Aufstiegspsalmen mystisch. Sie seien ein spiritueller Aufstieg aus dem Tal des Elends hinauf zu einer spirituellen Erhabenheit.[31] Wir müssten einen Berg ersteigen, der uns eine Art von spiritueller Erhabenheit verleiht. Die Lieder des Aufstiegs stellen laut dem alten Kirchenvater die Straße da, auf der Jesus selbst zu Gott hinaufgestiegen ist. Die Lieder helfen unserer Seele aufzusteigen, wie Jesus: ‚Von seinem Beispiel zu seiner Göttlichkeit.'[32] Um besondere Erfahrungen mit Gott zu machen, müssten die Menschen eigentlich in die Kirchen strömen. Stattdessen pilgern sie scharenweise an verkaufsoffenen Sonntagen in die Metropolen, um in Konsumtempeln Plastiktüten mit ihren käuflichen Errungenschaften anzufüllen.

Nicht an einem Sonntag, aber in einem ähnlichen Trubel

stieg ich vor Kurzem einen Berg hinauf. Vom Nürnberger Hauptmarkt über die Pegnitz in Richtung Lorenzkirche. Die Taschen voll gepackt mit Kleidung, Geschenken und anderen Utensilien. Wenn man dann versucht, mit den Stechschritten so mancher Schnäppchenjäger mitzuhalten, kommt man auch ganz schön außer Puste. Als ich auf dem Platz vor der Lorenzkirche ankam, drangen plötzlich neben dem Stimmengewirr die weichen Cool-Jazz-Klänge eines Soloinstrumentes an mein Ohr, das in der Sonne glänzte. Direkt vor der Kirche stand ein Saxofon-Spieler und improvisierte vor seinem schwarzen Hut voller Gefühl und Hingebung. Die Klänge ließen mich alles um mich herum vergessen. Die Taschen fühlten sich plötzlich so schwer an, und ich hätte sie am liebsten stehen lassen. Diese Musik vor der Kirche fühlte sich irgendwie heilig an, obwohl dahinter weder ein Kirchenlied noch sonst ein christlicher Inhalt durchschimmerte.

Musik öffnet auch mir immer wieder eine besondere Sphäre, die man vielleicht sogar heilig nennen kann. Und das erinnerte mich an ältere Gemeindeglieder, die ich als Pfarrer zur Anstellung zum Geburtstag besuchte: ‚Ich würde ja so gerne in den Gottesdienst kommen, doch der Berg zur Kirche ist so hoch. Dafür schaue ich jeden Sonntagmorgen die Kirche im Fernsehen an und packe dazu sogar mein Gesangbuch aus.‘ Die Entschuldigung des hohen Berges beantwortete ich meist mit Verständnis: ‚Das ist doch kein Grund, sich Gedanken zu machen: Das ganze Leben ist ein Gottesdienst.‘"

Reporterin: „Es gibt aber auch andere ‚Berge‘ die sich heute auftun und den Zugang zum Glauben erschweren können. Eine schwere Krankheit, die mir den Atem raubt und jedes

Vertrauen erschwert. Eine negative Erfahrung mit anderen Menschen, die dafür sorgt, dass ich lieber auf Distanz gehe. Manch einer ist vielleicht enttäuscht von der Kirche, weil sogar ‚engagierte Christen' nicht zögerlich dabei sind, andere zu verletzen, oder es nicht auf die Reihe bringen, gute Ratschläge selbst in die Tat umzusetzen. Viele sehnen sich danach, dass ‚Scheinheilige' wenigstens ab und zu echte, ‚heilige' Taten vollbringen. Religiöse Menschen, die bewusst den Kontakt zu Gott suchen, sind und bleiben trotzdem menschlich, voller Fehler, auch wenn sie sich noch so anstrengen mögen. Darum sollten wir uns von menschlichen Fehlern nicht den Glauben verderben lassen und trotzdem den Kontakt zu dem Heiligen suchen.

Es fällt Menschen heute insgesamt schwerer, ihren Glauben mit einem bestimmten Ort zu verbinden. Dabei kommt es überhaupt nicht darauf an, zu einem besonders heiligen Ort zu reisen. Es geht vielmehr darum, ob wir diesem Gott eine persönliche Wohnung zur Verfügung stellen. In Psalm 132 finden wir eine kleine Hilfe dafür. In erster Linie kommt es darauf an, offen zu sein für Momente, in denen uns das Leben wieder einholt, wo wir Ruhe finden und zum Nachdenken kommen, wo es zur Selbst- und Gottesbegegnung kommen kann, wo wir unsere Antennen neu ausrichten auf den Schöpfer allen Lebens."

Pfarrer: „Das Bild mit den Antennen gefällt mir. Meine Erfahrung ist: Wer den richtigen Sender einstellt, geht selbst auf Sendung. Davon ist ja auch in dem Psalm 132 die Rede. Gott nimmt Menschen in seinen Dienst. Er sendet sie, ‚gekleidet mit Gerechtigkeit', hinaus in die Welt, um den Hunger der

Welt zu stillen und den ‚Armen Brot genug zu geben'. Diesen Gedanken hat Gerhard Schöne in seinem Song aufgenommen:

‚Meine Songs sollen Lebenszeichen sein. Sie sollen ansingen gegen alles, was Leben einschränken oder verhindern will.' Deshalb gehen wir als Pilger des Glaubens, wie Jesus, an der Seite derer, die ganz unten sind oder im Abseits stehen. Wir können mit kleinen und großen Schritten für Momente sorgen, wo uns das Leben, die Schöpfung, ja der Schöpfer einholt. Es gibt diese unscheinbaren Wunder des Alltags, durch die sich der Himmel öffnet, und damit Orte, wo Gott mitten unter uns wohnt und wir nur noch leise und ergriffen flüstern können: ‚Verweile doch, du bist so schön!'"

Christian Probst, Jahrgang 1973, ist evangelischer Pfarrer und Musiker.

Günter Kusch, Jahrgang 1964, ist evangelischer Pfarrer und Redakteur.

Treffpunkt

Psalm 133
1 Ein Wallfahrtslied. Von David. Schau, wie gut, wie schön! Brüder und Schwestern halten zusammen!
2 Wie gutes Öl auf dem Kopf, das herabfließt auf den Bart, den Bart Aarons, fließt auf den Kragen seines Gewands.
3 Wie Tau vom Hermon, der herabfließt auf die Berge Zions - ja, dort spendet die Ewige den Segen: erfülltes Leben für immer.
(Bibel in gerechter Sprache)

Raimund Kirch

Hinauf ins fränkische Zion - Eine Wallfahrt nach Gößweinstein

Warum nur drängen sich einem beim Lesen dieses Psalms immer und immer wieder Bilder jener heillosen Situation im sogenannten Heiligen Land auf? Rund um den Tempelberg, dort wo unser Psalm 133 wohl spielt, patrouillieren israelische Soldaten mit Schutzwesten und Maschinenpistolen. Sie halten Wache vor einem islamischen Heiligtum, in einer Stadt, die von den Muslimen Al Quds genannt wird. Eine seltsame Spannung liegt in der Luft. Wer ist Feind, wer ist Freund? Durch die Via Dolorosa führen christliche Prozessionen auf den Spuren des Heilands. Ein paar Kilometer weiter im Süden liegt, neuerdings hinter einer hohen Mauer von Israel getrennt, Bethlehem mit der Geburtskirche, die auch ein Wallfahrtsort für Muslime ist, weil nach dem Koran Maria den Propheten Jesus dort unter einer Palme zur Welt brachte. Und dann wieder Jerusalem. Es könnte ein Ort sein, an dem die

Religionen sich auf ihre Wurzeln besinnen – ja: sowohl auf ihre religiösen Gemeinsamkeiten als auch auf ihre Unterschiede. Denn alle Menschen wünschen sich nichts mehr als ein „erfülltes Leben", wie es am Ende des Psalms im Segensspruch heißt. Doch Jerusalem war oft genug ein Ort des Grauens. Hier stritten sich schon die Kinder Israels untereinander, hier brandschatzten die Truppen der Babylonier, hier kreuzigten die Römer, eroberten die Sarazenen, wateten Kreuzfahrer im Blut, kämpften Briten, bombten Araber. Wer heute in einen Jerusalemer Bus steigt, achtet auf die Mitpassagiere. Die Angst vor Anschlägen ist ein ständiger Begleiter. Irgendwann, um 400 vor unserer Zeitrechnung, sind jene Zeilen entstanden, die als Psalm 133 Aufnahme in den Kanon der 150 gefunden haben. Darin wird auf David als Autor verwiesen. Doch angeblich soll der Psalm erst nach der Zeit Davids entstanden sein. Freilich in Anlehnung an den genialen Lieder dichtenden und Zither spielenden König und Poeten, mit dem er das Anliegen gemein hat: Den Herrn zu loben; zur Gemeinschaft aufzurufen; mit Poesie und Metaphern auszudrücken, wie wunderbar es sich anfühlt, den Tempelberg zu ersteigen, um den Segen des Höchsten zu erlangen für das, was sich jede und jeder von uns wünscht. Eben: Ein erfülltes Leben bis ans Ende unserer Tage. Psalmen sind Teil der biblischen Weisheitsliteratur, die sich im Lauf der Jahrhunderte ihre stets aktuelle Botschaft bewahrt hat, wenn sie nur richtig in die jeweilige Zeit hineinübersetzt wird. Deshalb ist oben zitierter Psalm 133 der nicht unumstrittenen Bibel in gerechter Sprache entnommen, die – manche stören sich leider noch immer daran – mit dem Gottesbegriff zart und genau umzugehen sucht.

Der unerklärliche Gott ist nun einmal nicht auf ein Geschlecht einzugrenzen. Darauf hat man uns aber getrimmt. Sogar im Islam ist von den 99 Namen Allahs die Rede. Auch in der Bibel werden Gott die unterschiedlichsten Eigenschaften zugeschrieben, mütterliche wie väterliche. Dass wir uns ein Bild von IHM/IHR machen, ist immer mit Gefahren verbunden. Diesem Umstand trägt die Bibel in gerechter Sprache Rechnung. Psalmen sind religiös inspirierte Dichtungen, in denen neben hymnischen Tönen auch durchaus Lastendes, Bedrückendes, aber auch Verwegenes zu Wort kommt. Dass der Appell zum Zusammenhalten, also zur Geschwisterlichkeit, mit einer Salbung in Verbindung gebracht wird „bis das Öl in den Kragen läuft", ist so ein verwegener Vergleich.

Verwegen sind auch die Anspielungen des aus dem Iran stammenden und heute in München lebenden Schriftstellers Said. Vor ein paar Jahren hat er ein Bändchen mit zeitgenössischen Psalmen herausgebracht. Folgender klingt wie eine Antwort auf unseren Psalm 133.

herr
ich will die differenz nicht anerkennen
zwischen dem schöpfergott
und dem erlösergott
dafür gelobe du keinen
unterschied zu machen
zwischen gottesfürchtigen
und gottessuchern
und schaffe die frommen ab
die uns im wege stehen
denn sie betonen nur das trennende

vernimm mein täglich gebet
das ich stumm an die schönheit richte[33]

Der iranisch-persische Schriftsteller Said gibt nicht vor, seinen Gott zu kennen, aber er sucht seine Nähe und die Auseinandersetzung mit ihm. Er hat nichts gegen den Glauben, aber etwas gegen Fundamentalisten jeglicher Religion, die alles für gefährlich halten, was nicht auf ihrer Wellenlänge funkt. Was der Dichter Said vom Pilgern hält, wissen wir nicht. Aber wahrscheinlich hat auch er eine Sehnsucht nach der Pilgerschaft, die plötzlich von ganz säkularen Menschen wieder entdeckt wird und eine ungeahnte Blüte erfährt. Wallfahrtsorte haben eine Faszination in allen Religionen. Ob nach Mekka, nach Santiago, zum Ganges, in die Parks von Kyoto oder zum Ayers Rock. Es ist eine schwer deutbare Sehnsucht. Aber warum immer nur deuten wollen? Mein Zion heißt Gößweinstein. Die Marktgemeinde im östlichen Landkreis Forchheim liegt auf den Höhen der Fränkischen Schweiz. Ein Ort, den die Gegenreformation erst einigermaßen bekannt gemacht hat; denn weiter im Osten liegt das evangelisch markgräfliche Gebiet der Bayreuther, im Süden machte sich einst die freie Reichsstadt Nürnberg bedrohlich breit. Die Bamberger Fürstbischöfe brauchten einen katholischen Brückenkopf. Erst ließen sie Kapuziner ansiedeln, dann ihren genialen Architekten und Geschützbauer Balthasar Neumann eine Basilika hinbauen, die der Heiligsten Dreifaltigkeit geweiht ist. In Wirklichkeit handelt es sich eher um eine Vierfaltigkeit, weil im Mittelpunkt des Gnadenbildes, größer als Gottvater, Sohn und Heiliger Geist, die Gottesmutter thront. Aber das ist nun wirklich ein anderes Kapitel. Nach Gößweinstein kommen rund 150 Wallfahrten im Jahr. Aus Forchheim, Auerbach und Staffelstein. Aus Eggolsheim, Heroldsbach und vielen anderen Orten.

Neunkirchen am Brand ist stets am dritten Wochenende im Juli an der Reihe. Noch vor Morgengrauen treffen sich am Samstag früh rund hundert Frauen, Männer und Kinder in der Pfarrkirche Sankt Michael. Dort erteilt der Kaplan den Reisesegen.

Noch schläft das Städtchen. Nur ein Taxi fährt einen Spätheimkehrer vorbei. Aus dem Auto heraus blickt uns schreiendes Unverständnis entgegen. Die vier Getreuen von der Blaskapelle kennen keine Gnade. Mit dem Lied „Maria, dich lieben, ist allzeit mein Sinn" setzt sich die Prozession in Bewegung. Vorne zwei Fahnenträger, die das Gnadenbild mit der Vierfaltigkeit vorantragen. Dann kommen in Dreierreihen die Männer; dann der Wallfahrtsführer; dann die Frauen; dann ein Fahrzeug, in dem am jeweiligen Ortsende stets die Bläser verschwinden, um rechtzeitig mit ihrem Instrument die nächste Station zu erreichen. Denn geblasen wird stets nur in den Dörfern. Auf den Strecken dazwischen: Rosenkränze, Litaneien, A-Capella-Gesänge.

Sieben Stunden später wird die Prozession in Gößweinstein einziehen. 33 Kilometer Fußmarsch liegen dann hinter den Pilgern, die am nächsten Morgen auf dem gleichen Weg zurückmarschieren werden. Tja, niemand hat uns einen Rosengarten versprochen.

Mir geht es ein bisschen wie dem Dichter Said. Ich gebe nicht vor, Gott zu kennen, aber ich suche immerhin seine Nähe. Bei Wallfahrten fällt das aber nicht schwer. Wer seinen Tritt einmal gefunden hat und sich dagegen nicht wehrt, wird schon nach wenigen Minuten völlig leer und gleichzeitig erfüllt von einer Weite, die nicht fassbar ist. Zunächst murmelt man das Ave Maria nur mit. Dann ist man plötzlich mittendrin im Rosenkranz, und komisch – die Füße, sie gehen, ohne zu meutern. Im Nachbardorf Hetzles spielen die Bläser besonders laut das „Großer Gott, wir loben Dich". In den Häusern wackeln die Vorhänge. Dann graut der Morgen. Im Frühsport zu Berge geht es den Hetzleser Hang hinauf. Am Vortag hatte es noch aus allen Kübeln geschüttet. Jetzt dampft die Natur. Oben angekommen, müsste eigentlich das Walberla, „der heilige Berg", vor den Blicken auftauchen. Er versteckt sich jedoch im Morgendunst. „Wir aber wissen, was hinter den Nebeln liegt", sagt bedeutungsvoll Wallfahrtsführer Wilhelm Geist. Und alle verstehen natürlich, was er meint. Es ist nicht nur das Walberla. Es ist die Heilsahnung, die – irgendwie – jeder Wallfahrer sucht. Hinter dem Nebel liegt das Licht. Die einen gehen aus Tradition auf Wallfahrt, die anderen haben vielleicht ein Gelübde zu erfüllen. Irmgard Huber ist zum Beispiel schon über 25 Jahre dabei. So lange gibt es nach einer längeren Unterbrechung die Fußwallfahrt wieder, die im Jahr 1642 erstmals nach Gößweinstein führte. Damals gab es noch keine Basilika; offenbar aber das Gnadenbild. Neunkirchen, wo ursprünglich 1800 Seelen lebten, war durch den Dreißigjährigen Krieg dezimiert worden. Schweden und Kaiserliche hatten im Wechsel das Land ausbluten lassen, den Rest hat dann die Pest besorgt. 300 Einwohner waren noch übrig geblieben. Sie wollten für ihr Überleben danken.

Irmgard Huber genießt die Weggemeinschaft mit den anderen vor allem deshalb, weil sie auf der einen Seite das Gruppenerlebnis hat und „doch bei sich sein kann". Besonders die

Schweigezeiten genießt sie nämlich am meisten, wenn jeder und jede vor sich hintrottet und den eigenen Gedanken nachhängt. Natürlich wird auch da und dort getratscht und gelacht. Wallfahrer sind keine Sauertöpfe. Andrea Söllner ist zum ersten Mal dabei: „Weil ich seit dieser Woche wieder eine Arbeitsstelle habe." Und Günther Friedrich, der immer schon mitgewallt ist, scherzt: „Je größer die Blasen an den Füßen, desto größer die Sünden." Er scheint jedoch davor gefeit zu sein. Sie alle hätten an diesem Julisamstag anderes zu tun gehabt. Den Rasen mähen, einkaufen, putzen. Auch hätten sie es sich leichter machen und mit dem Auto anreisen können. Stattdessen schnaufen sie jetzt den steilen Anstieg durch den Buchenmischwald vom Trubachtal hinauf nach Affalterthal, das auf einem weiteren Jura-Plateau liegt. Dem letzten vor Gößweinstein. „Zick-Zack-Weg" nennen die Einheimischen diese Strecke. Ans Beten ist jetzt nicht zu denken. Es geht nur noch im Gänsemarsch hintereinander. Aufwärts. Aufwärts. Der Ablass, diese katholischste aller Einrichtungen, wird den Wallfahrern freilich erst in Gößweinstein zuteilwerden, wenn sie dort reinen Herzens gebetet und die Eucharistie empfangen haben, wie es die Regel vorschreibt. Bis dahin sind es noch etwa zehn Kilometer. Immerhin winkt im Gasthaus Dietel erst mal eine Rast. Die Leberkäs-Semmeln sind schon belegt. Bierseidel und Radlerhalbe machen die Runde. Pilgerpause. Affalterthal und Bieberbach sind zwei evangelische Orte, seit die Egloffsteiner Burggrafen im 16. Jahrhundert den neuen Glauben übernommen haben. Wilhelm Geist hält mitunter eine Andacht in der Bieberbacher Kirche, wo ein moderner Abendmahl-Altar des Georgensgmünder Künstlers Reinhart Fuchs von einer Ökumene kündet, die wohl noch viele Hürden nehmen muss.

Die Wallfahrt ist heute kein Stein des Anstoßes mehr. Im 16. Jahrhundert dagegen hatten die Kirchen der Reformation bewusst mit dieser Tradition gebrochen. Die Reformatoren beklagten im Zusammenhang mit dem Wallen vor allem den Missbrauch des Ablasswesens und den Reliquienkult. Heute gibt es zwar noch immer vereinzelt Kritiker, die von einem frommen Event sprechen. Aber ihre Zahl ist gering. Denn liebte nicht auch Jesus das Event? Die Bergpredigt, die Brotvermehrung, der Einzug in Jerusalem? Waren das etwa keine massentauglichen und aufwühlenden Ereignisse?

Eine gute Stunde noch bis Gößweinstein. Die Sonne steht jetzt hoch am Himmel. Da hilft auch der Balsam des Betens nichts mehr. Die Füße sind schwer und schmerzen. Steifbeinig geht es durch Türkelstein und Etzdorf. An der Nürnberger Kapelle der letzte Halt. Auf dieser Anhöhe haben Wallfahrer aus Nürnberg einst eine Gebetsäule gebaut. Von hier aus richtet sich der Blick über eine kleine Senke hinweg hinüber zur Basilika. Und plötzlich werden die Füße wieder leicht. Denn nun geht es hinauf, hinauf ins fränkische Zion.

Oben wird ein Franziskanerpater die Prozession tüchtig mit Weihwasser begrüßen und sie um die Kirche geleiten. „Ein Haus voll Glorie schauet, weit über alle Land" dringt aus rund 160 Kehlen. Denn mittlerweile sind auch die Autopilger hinzugestoßen. Dann der Einzug in die barocke Basilika. Prächtiger Stuck und Orgelklang. Ein bisschen wie im Himmel sollen sich die Wallfahrer schon fühlen, das Unbehagen abschütteln, den Segen empfangen.

Und wären wir nicht so müde, könnten wir über Psalm 133, vielleicht in der Übersetzung von Martin Buber, nachdenken, wo es am Schluss heißt: „Denn dorthin hat er entboten den

Segen. Leben auf Weltzeit." Leben auf Weltzeit? Das klingt sonderbar und exakt zugleich. Von einem „erfüllten Leben" spricht dagegen die Bibel in gerechter Sprache. Beides meint ja wohl das gleiche. Die Zeitdauer menschlichen Da-Seins in dieser Welt. Was danach kommt: wer weiß? Auf was es aber hier ankommt, ist Eintracht, da gibt es keinen Unterschied bei den Übersetzungen.

Wie es einem ergehen kann, der nicht das Gemeinschaftserlebnis des Pilgerns erfahren darf, hat der Spätromantiker Viktor von Scheffel in seinem Frankenlied mit leichter Ironie geschildert. Ein Denkmal für den Dichter steht übrigens einen Steinwurf entfernt im Schatten der Basilika. Vielleicht hatte von Scheffel ja auf seinen Wanderungen durchs Frankenland ein traumatisches Wallfahrtserlebnis. In der vierten Strophe heißt es nämlich:

Wallfahrer ziehen durch das Tal
mit fliegenden Standarten.
Hell grüßt ihr doppelter Choral
den weiten Gottesgarten.
Wie gerne wär' ich mitgewallt,
der Pfarr' wollt mich nicht haben!
So musst ich seitwärts durch den Wald
als räudig Schäflein traben.
Valeri, valera, valeri, valera,
als räudig Schäflein traben.

Armer Scheffel.

Kommen wir zum Anfang zurück.

Zum Wallfahrtslied Davids, in dem die Einigkeit der Brüder (und wenn man es genau nimmt: natürlich auch der Schwestern) beschworen wird.

Wer pilgert, lebt nicht von vornherein mit sich und der Welt in Eintracht. Aber der Weg, den man mit anderen zurücklegt zu einem Ort der Sehnsucht, hat auch damit zu tun, ein anderer werden zu wollen – also etwas mit Wandlung. Könnte man also sagen: Gottesbegegnung verwandelt? Kann die Begegnung mit Gott Menschen in Eintracht und Frieden zueinanderführen, auch wenn sie in Glaubensfragen nicht die gleiche Meinung teilen?

Ich wage einen ungewöhnlichen Traum. Ich stelle mir vor, dass die israelische Soldatin aus Aschdod und der palästinensische Orangenzüchter aus Nablus, der arabisch-christliche Olivenholzschnitzer aus Bethlehem, der suchende Agnostiker aus Nürnberg oder Fürth, die Biblizistin, der Islamist, der Sufi, der Orthodoxe, der Leichtgläubige und Schwerenöter sich treffen. Gemeinsam unterziehen sie sich einer ayurvedischen Wellness-Behandlung. Das Öl läuft ihnen bis in den Kragen. Sie genießen den köstlichen Tau vom Berge Hermon; auf dass sie dieses Zeitfenster jedes Menschen zwischen Geburt und Tod als ein Geschenk genießen; diese Spanne, die wir von IHM/IHR zugeteilt bekommen, bevor wir wieder in der Ewigkeit versinken – als ein Geschenk, das man mit Hektik und Hader, mit Streit und Neid nicht entwerten sollte.

Sicher, Pilgern ist keine ayurvedische Wellness-Behandlung. Zum Wesen des Pilgerns gehört aber auch das Genießen, das geschenkte Zeitfenster, das Zur-Ruhe- und Zu-sich-

Kommen. So gesehen sind Wallfahrten Wandelfahrten. Denn von denen, die sich aufmachen, heißt es, dass keiner einen Pilgerweg zurücklegt, ohne ein Vorurteil zu verlieren oder eine neue Idee zu gewinnen. Vielleicht wollte uns gerade das, und im Grunde gar nichts anderes, der Psalmist mit seinem 133. Gesang sagen.

Raimund Kirch ist Chefredakteur der Nürnberger Zeitung.

Heiligtum

Psalm 134
1 Ein Wallfahrtslied. Wohlan, lobet den HERRN, alle Knechte des
HERRN, die ihr steht des Nachts im Hause des HERRN!
2 Hebet eure Hände auf im Heiligtum, und lobet den HERRN!
3 Der HERR segne dich aus Zion, der Himmel und Erde gemacht
hat!
(Luther 1984)

Georg Güntsch

1. Der HERR segne dich aus Zion

Eine Studentin sagte zu mir: „Mit der Bibel kann ich nichts anfangen. Sie ist mir fremd. Vielleicht ist sie ungeheuer wichtig. Aber ich begreife sie nicht. Nur die Psalmen lese ich gern. Die sind mir nah. Sie sind ehrlich. Weil die Menschen der Psalmen auch klagen und ihnen zeitweise ihr Leben widerwärtig ist, traue ich ihnen auch – zögernd –, wenn sie danken und loben."

Mich würde interessieren, wie diese Frau – lange schon keine Studentin mehr – auf den letzten Wallfahrtspsalm reagiert.

2. Wohlan, lobt (preist, segnet) den HERRN

Pater Pirmin Hugger ist Benediktiner in Münsterschwarzach. Er ist Mönch, Priester und Psalmenforscher, Leiter der großen Abteibibliothek und ein origineller, temperamentvoller Prediger. Oft haben wir miteinander Bibelwochen gestaltet. Vor wenigen Wochen telefonierte ich mit ihm. Ich erbat seinen Rat: Was ist gemeint, wenn im Psalm steht, dass Menschen

Gott segnen sollen? Was Pater Pirmin antwortete, werde ich ihnen später erzählen.

Ich lese gern in seinem Buch „Die Kunst des Psalmenbetens". Es ist voll poetischer Wortspiele. Zum Beispiel: „Christliche Gebete sind bisweilen zu schön, um wahr zu sein. Die Psalmen sind oft zu wahr, um schön zu sein."[34] Eine Zeitlang überlegte ich: Ist der 134. Psalm vielleicht nur urlaubsreligiös, lebensfremd für das Normal-Alltägliche?

Wallfahrten, also Glaubens-Wanderungen und Segenshandlungen, sind ja derzeit „in". Wir mögen es, wenn Glaube „sinnlich" verpackt wird. Nicht nur Traditionschristen wallfahren derzeit gern. Man denke an die Bucherfolge von Hape Kerkeling und Paul Coelho.[35] Begeistert sahen wir Filme wie „Pilgern auf Französisch" aus dem Jahr 2005 und zumindest mit Sympathie im Fernsehen „Bis an das Ende der Welt" mit Elmar Wepper und Ann-Kathrin Kramer. Vater und Tochter auf dem Jakobsweg. Kritiker fragten: 800 km Wanderweg als seelische und moralische Reparaturwerkstätte?

Wieder und wieder lese ich dagegen „meinen" Psalm. Für einen Selbstfindungstrip taugt er nicht. Die Wallfahrer damals hatten ein anderes Ziel: Sie wollten dem HERRN in seinem Heiligtum begegnen und den Segen aus dem Heiligtum, aus Zion, empfangen. Die Wallfahrer damals erlebten nicht nur, was Priester tun: Gebet und Opfer und Segen. Die Pilger des letzten Wallfahrtspsalms denken und reden in priesterlicher Gesinnung.

3. Preist (segnet) den HERRN,
alle Knechte des HERRN, die ihr steht
in den Nächten im Haus des HERRN!

Ich möchte mir vorstellen, wie es damals war, als der Psalm entstand. Es muss ja nicht gleich so fantasievoll sein wie bei den Kindheitserinnerungen des Künstlers Otto Dix (1891 bis 1969). Wir besuchten eine Ausstellung seiner Werke zur Bibel in Bamberg und lasen, wie sich Dix als Kind seine Bilder von der biblischen Geschichte machte. Der Wald und die Hügel seiner Heimat wurden für ihn zu Orten, in denen das geheimnisvoll Heilige geschah. Er dachte sich aus: Da hatte Jakob gelegen, die Himmelsleiter sah er sozusagen vor sich.

Meine erste Empfindung war: Die wenigen Sätze des letzten Wallfahrtspsalms erzählen ja nichts. Oder doch? Das Haus des Herrn ist ein Ort. Ich kann ihn auf alten Zeichnungen betrachten. Auf einer Anhöhe, oberhalb der Stadt Jerusalem, lag der Tempel. Gott war hier den Menschen nahe – mitten im Volk, mitten im Land, inmitten aller Völker, mitten in der Welt. Hier suchten die Israeliten seine Nähe. Wir haben nachempfundene Bilder der Kultgegenstände: der siebenarmige Leuchter. Die Gesetzestafeln. Der Brandopferaltar. Die Instrumente. Der Wasserbehälter. Wir können uns die Opferarten vorstellen: Speiseopfer. Schlachtopfer. Trankopfer. Rauchopfer mit Weihrauch. Brandopfer.

Alle drei Tempel Jerusalems wurden vernichtet. Der Tempel König Salomos. Der Tempel nach dem Exil. Der Tempel, den König Herodes der Große veranlasste. Weil sie die Gegenwart Gottes im Haus Gottes glaubten, nahmen die Israeliten aus Städten und Dörfern bei Wallfahrten weite Wege auf sich. „Die Nächte im Haus des Herrn“ sind bedeutsame Zeiten.

Anschaulich erinnere ich mich an eine Kirchenführung. Wir kamen in der Nacht in das dunkle Gotteshaus und sollten uns zurechtfinden und unseren Platz suchen. Das war wohl gut gemeint. Ich hatte auch keine Schwierigkeit, sehr bald den Ort zu finden, an den ich gehörte. Aber es war irgendwie erschreckend. Für mich steht seitdem fest: Eine Kirche braucht Licht, wenigstens eine Kerze als Symbol für Christus.

Die beiden ersten Sätze des Psalms sind Teil eines Gesprächs. Die Pilger fordern die „Knechte Gottes" auf: „Lobt – oder segnet! Erhebt eure Hände im Heiligtum!" Der dritte Satz ist eine Antwort auf die Bitten: „Der HERR segne dich vom Zion her, der Himmel und Erde gemacht hat." Ich entdecke Gedanken, die uns heute angehen, so sehr sich auch die Welt in der langen Zeit seitdem verändert hat: Was erleben wir in unseren Nächten? Wie sieht unser Dienst im Heiligtum aus? Was können wir erhoffen vom Segen Gottes für unsere Gegenwart und unsere Zukunft?

4. Ihr Knechte des HERRN, hebt eure Hände auf im Heiligtum!

Auffällig bescheiden sind die Fachleute: Der Psalm „kann" gesprochen sein von Wallfahrern zu denen, die über Nacht im Tempel bleiben (Arthur Weiser). Man wird „annehmen dürfen", dass es Priester sind, die zum Gebet aufgefordert werden (Hans-Joachim Kraus). Andere nehmen die Leviten dazu. Vielleicht auch sonstige Beter. Einleuchtend ist die Erklärung, dass Wallfahrer einen Abschiedssegen erbitten. Sie kamen an den heiligen Ort. Sie wollten die Erfahrung der Gegenwart Gottes in ihre nahe Zukunft, in den Alltag ihrer Heimat mitnehmen. „Im ganzen Psalter (ist) nicht so viel vom Segen die

Rede wie in der kleinen Sammlung der Wallfahrtslieder 120 bis 134. ... Das eigentliche Ziel der Wallfahrt in Israel (ist) der Empfang des Segens." (Claus Westermann)

5. Ihr Knechte des HERRN, die ihr steht in den Nächten im Haus des HERRN

Wie erleben wir unsere Nächte? Wir brauchen die Ruhe des Schlafs. In einem Nachtgebet der Kirche heißt es: „Allmächtiger Gott, du hast uns zum Ende dieses Tages geleitet, wir bitten dich: Bleibe bei uns und beschirme uns in den schweigenden Stunden der Nacht, damit wir, müde von der Unruhe dieser vergänglichen Welt, ruhen in deinem Frieden ..."[36] Wir freuen uns auf die Pause inmitten einer rasant eilenden Zeit. Wir genießen die Stille als Erholung.

Wir wissen aber aus eigener Erfahrung: Nächte können auch furchtbar sein. Wirre Träume verwirren und ängstigen. Streitgespräche wirken nach und rauben uns die Gelassenheit. Überforderungen, mit denen am neuen Tag zu rechnen ist, lassen uns grübeln. Gedanken kreisen um ein Problem von gestern oder von morgen, und wir haben das Gefühl, endlos wach zu liegen. Wir brauchen den Schlaf. Aber im Schlaf fühlen wir uns wehrlos.

Auch in unseren Nächten sind wir zeitbezogen. Wir schauen auf die Uhr. Um 0 Uhr beginnt für uns der neue Tag. Die Bibel dagegen hört auf die Schöpfungsgeschichte. Sie rechnet von Abend zu Abend. Der Abend ist der Beginn des neuen Tages (1. Mo. 1,5).

Was haben wir davon, wenn wir dieses Denken übernehmen? Die Dunkelheit gehört dann in den Anfang des neuen Tages. Darum ist das Adventslied von Jochen Klepper von

1938 für viele Christen so tröstlich. Mitten im Dunkel hat der neue Tag begonnen. „Die Nacht ist vorgedrungen, der Tag ist nicht mehr fern. So sei nun Lob gesungen dem hellen Morgenstern! Auch wer zur Nacht geweinet, der stimme froh mit ein. Der Morgenstern bescheinet auch deine Angst und Pein.“ (EG 16,1) Wir erleben uns im Finstern. Aber: „Die Nacht ist schon im Schwinden ...“ (16,3) Was wir sehen und hören und empfinden, ist bedrückende Dunkelheit. Trotz allem: „Noch manche Nacht wird fallen auf Menschenleid und -schuld. Doch wandert nun mit allen der Stern der Gotteshuld. Beglänzt von seinem Lichte, hält euch kein Dunkel mehr, von Gottes Angesichte kam euch die Rettung her.“ (16,4)

Manche Gottesdienste beginnen in der Nacht. Das sind die schönsten, meinen manche Gemeindeglieder. Auch für mich gehören sie zu den Höhepunkten des Kirchenjahrs. In der Osternacht ist es ein tief bewegender Moment, wenn in die dunkle Kirche die Osterkerze getragen wird. Der Liturg singt: „Christus ist das Licht.“ Die Gemeinde antwortet: „Gott sei ewig Dank.“ Dann noch einmal einen halben Ton höher: „Christus ist des Licht.“ Und noch einmal.

Wunderbar zu schauen: Das brennende Licht der einen Osterkerze erhellt den ganzen Kirchenraum. Nach dem Osterlob und dem Evangelium wird das Licht ausgeteilt. Viele Kerzen werden entzündet. Der Raum wird zum Lichtermeer: Freude zum Mitnehmen. Freude für daheim. Die Weihnachts-Christmette ist ebenfalls ein Licht-Gottesdienst. Die Kerzen des Weihnachtsbaums strahlen. Die Lieder der Nacht singen vom Licht gegen die Nacht in der Heiligen Nacht:

„Das ewig Licht geht da herein,
gibt der Welt ein neuen Schein;
es leucht wohl mitten in der Nacht
und uns des Lichtes Kinder macht ..." (EG 23,4)

„Ich lag in tiefster Todesnacht,
du warest meine Sonne,
die Sonne, die mir zugebracht
Licht, Leben, Freud und Wonne.
O Sonne, die das werte Licht
des Glaubens in mir zugericht,
wie schön sind deine Strahlen ..." (EG 37,3)

„Dies ist die Nacht, da mir erschienen
des großen Gottes Freundlichkeit!
Das Kind, dem alle Engel dienen,
bringt Licht in meine Dunkelheit,
und dieses Welt- und Himmelslicht
weicht hunderttausend Sonnen nicht ..." (EG 40,1)

In diesem Buch werden uns Psalm-Lieder in Verbindung mit Texten der Gegenwart vorgestellt. Parallel zu dem Buch erscheint eine CD mit neuen Melodien zu den Psalmgesängen. Sie singen uns das Alte neu zu, das in vielen Generationen Bewährte. Nicht nur als Erinnerung: So hat man einmal vor langer Zeit geglaubt. Aber heute können wir darauf vertrauen, was die Wallfahrer damals auf ihrer Tempel-Wanderung erfuhren.

Darum bedenke ich gern mit Lied-Gedanken aus verschiedenen Jahrhunderten die Aussagen von Nacht und Licht. Auch unser persönlicher Glaube lebt vom Licht Christus. An jedem Tag, an jedem gehetzten, genervten, erfüllten, erfolgreichen oder bedrückten Tag. In jeder Nacht, jeder erholsamen, verdorbenen, gequälten oder geruhsamen Nacht.

Wir erinnern uns: Seit der Schöpfungsgeschichte der Bibel beginnt der Tag vor der Nacht. Die Nacht gehört zum Tag. Und so sang die christliche Gemeinde z.B. im 16. Jahrhundert: „Hinunter ist der Sonnenschein, die finstre Nacht bricht stark herein; leucht uns, Herr Christ, du wahres Licht, lass uns im Finstern tappen nicht ..." (EG 46,7)

Es kann uns eine Hilfe sein, mit Gläubigen zu singen, die in Tagen und Nächten des Schreckens und der Angst im Gottvertrauen treu blieben. Mitten in finsterer Pestzeit (1599) dichtet Philipp Nicolai: „Wie schön leuchtet der Morgenstern voll Gnad und Wahrheit von dem Herrn, die süße Wurzel Jesse ... lieblich, freundlich, schön und herrlich groß und ehrlich, reich an Gaben, hoch und sehr prächtig erhaben ..." (EG 70,1) Welch ein Vorbild: Den leiblichen Tod vor Augen und die Trauer und das Leid derer, für die er mitverantwortlich ist, bekennt der Dichter: „Von Gott kommt mir ein Freudenschein ..." (EG 70,2)

Vor einigen Jahren war ich kirchlicher „Gastarbeiter" in der Ukraine. Gesandt von meiner bayerischen Heimatkirche, war mir die Leitung der DELKU, der Deutschen Evang.-Luth. Kirche der Ukraine, übertragen. Bischöfliche Aufgaben waren Hören und Raten, Lehren und Beten, Besuchen und Feiern, Versöhnen und Begleiten. Und Segnen, immer wieder beteiligt sein an der Heilung verletzter Seelen. Meine Frau und ich erfuhren viele Geschichten deutschstämmiger Christen. Sie hatten oft ein grausames Schicksal hinter sich. Ihr Leben war geprägt von Verachtung, Verfolgung und Vertreibung aus der Heimat. Dunkle Nachtgeschichten unter der kommunistischen Sonne. Eine alte Frau übergab uns ihren „Wallfahrtspsalm“:

„Im Traum ... wie im Traum ... sehe ich meine Heimat, wo ich in der Kindheit wohnte ohne Trübsal und Plag. Warum ist es dann so worden, dass wir in Kummer und Sorgen haben müssen unsere Pein? ... Ich danke Gott, er hat uns errettet ... Oh ihr Christen der Welt, werdet froh für den Herrn ...“

6. ... die ihr steht in den Nächten im Haus des HERRN

Unser Dienst im Haus Gottes. Wir müssen die Frage nicht entscheiden, ob Priester oder Leviten oder noch andere im Psalm angesprochen sind. Uns gilt die apostolische Zusage: „Ihr seid ... die königliche Priesterschaft ... dass ihr verkündigen sollt die Wohltaten dessen, der euch berufen hat von der Finsternis zu seinem wunderbaren Licht.“ (1. Petrus 2,9) Zu fragen ist: Wo ist Gottes Haus, in dem wir den Dienst der Anbetung tun sollen? Eine erste Antwort fand ich im Buch „Meine Freundin, die Nonne“[37]. Ein Mönch fragt eine junge Studentin in einem griechischen Kloster unvermittelt: „Möchtest du dein Herz zu einer Kirche für Christus machen?“ Dieser eine Satz war der Anfang einer langen Reihe wichtiger Entscheidungen.

Zu fragen ist weiter: Wie kann es sein, dass der Dienst der Anbetung auch in den Nächten geschieht? Den Anfang einer Antwort gibt ein ursprünglich englisches Lied. Es ist ein Abendlied. Von der zweiten Strophe an wird eindrücklich beschrieben, wie sehr Gott überall und an allen Orten gesucht und angebetet wird – zu verschiedenen Zeiten eben. „Die Erde rollt dem Tag entgegen; wir ruhen aus in dieser Nacht und danken dir, wenn wir uns legen, dass deine Kirche immer wacht. ... Die Sonne, die uns sinkt, bringt drüben den Menschen überm Meer das Licht: Und immer wird ein Mund sich üben, der Dank für deine Taten spricht." (EG 266, 2–4)

7. Lobt/preist/segnet den HERRN – Der HERR segne dich aus Zion, der Himmel und Erde gemacht hat.

Auch im Epheserbrief steht das Wort, das doppeldeutig sowohl „loben" als auch „segnen" bedeutet. „Gelobt/gesegnet sei Gott, der Vater unsers Herrn Jesus Christus, der uns gesegnet hat mit allem geistlichen Segen." (1,3) Johann Albrecht Bengel (1687–1752), schwäbischer Glaubensvater und gründlicher Ausleger des Neuen Testaments, erklärt: „Es ist ein anderes, wenn uns Gott gesegnet hat, und ein anderes, wenn wir ihn segnen. Gott segnet im Werk selbst (in dem, was er uns gibt, was er für uns und in uns wirkt), wir segnen ihn mit Lob und Dank."[38]

Pater Pirmin, von dem ich am Anfang dieses Textes erzählte, sieht das sprachlich genauso. Aber in seiner temperamentvollen Art meint er: „Viele Begriffe haben eben eine doppelte Bedeutung. In allen möglichen Lebensbereichen. Da muss man aus dem Zusammenhang übersetzen." Der ist für ihn eindeutig: „Der Segen kommt von Gott. Das kann nur er." Wir Menschen antworten mit Dank und Lob. Mehr können wir nicht. Das macht unser Leben reich. Durch Gottes Segen werden wir Segnende.

Unser Zion ist unsere Gemeinde. Fromme und Zweifelnde, Dankbare und Suchende sind wir.

Unser Zion sind unsere Gottesdienste. Wir hören. Wir loben. Wir bitten. Wir danken. Wir feiern IHN. Er will wohnen in unserem Herzen, in unserem traurigen, frohen, weichen, abgestumpften Herzen, das sich nach ihm sehnt und sich scheut, sich ihm ganz zu öffnen.

Ich bedenke betend, wie Jesus Christus uns segnet:
Jesus, du warst zärtlich zu Kindern,
legtest schützend deine Hand auf sie und hast sie umarmt.
Jesus, du heiltest Kranke.
Sie wurden gesund, weil Kraft von dir ausging.
Jesus, du sandtest Apostel in die Welt
und segnend gaben sie deinen Auftrag weiter.
Jesus, segne uns, dass wir dankbar werden;
dass wir treu werden; dass wir mutig werden;
dass wir als von dir Geliebte lieben;
dass wir als Freunde erfreuen;
dass wir als Angenommene annehmen, was du uns schickst.

Georg Güntsch ist ehemaliger Bischof der Deutschen Evangelisch-Lutherischen Kirche in der Ukraine.

Nachklang: Psalmen sind Lieder

Solange ich mich an Psalmen erinnern kann, sind sie für mich ein musikalisches Erlebnis. In meinen Gehörgängen klingen Melodien und Harmonien mit, wenn ich Zeilen höre wie „Die Himmel erzählen die Ehre Gottes, und die Feste verkündiget seiner Hände Werk" (Ps. 19,2). Als Sängerknabe im Windsbacher Knabenchor hörte ich immer wieder begeistert zu, wenn die Männerstimmen diesen Psalm in der Vertonung von Helmut Duffe und Emanuel Vogt vortrugen.

Einige Jahre später gerieten diese Melodien wieder überraschend bei Tagträumen in meinen Kopf. Ich war als Jugendlicher mit Freunden auf dem Brenner nach Italien unterwegs. Ich hörte zu dieser Zeit nicht gerade gerne „klassische" Musik, sondern viel lieber Queen oder Aerosmith. Ich nickte auf der Fahrt auf dem Rücksitz ein, und in meinem Kopf stellte sich ein mehrstimmiger Chor auf, der in makelloser Weise die mir altbekannten Melodien sang. Weder Discman noch Radio liefen. Nur in meinem Kopf verbanden sich die Chorsätze zu einem wunderschönen Klangbild, das mir Geborgenheit vermittelte und mich in meinem Inneren mit Glücksgefühlen erfüllte.

„Die Himmel erzählen die Ehre Gottes". Es fühlte sich so an, als würde Gott mir ins Ohr singen. Solche und ähnliche musikalische Erlebnisse entfachten in mir eine tiefe Sehnsucht, selbst Musik zu machen und sie für Gott einzusetzen. Ich entdeckte in mir eine vorher schlummernde Begabung, begann selbst Lieder zu schreiben und sammelte als Songwriter und Komponist Erfahrungen bei diversen Chor- und Band-Projekten.

Oft erlebe ich eine tiefe Verbindung zu Gott, wenn ich vor Menschen singe, sei es auf der Bühne oder im kleinen Kreis. Wenn ich Musik mache, fühle ich mich meinem Schöpfer am nächsten. Nicht nur, wenn sie eine mitreißende Wirkung entfaltet. Sondern wenn ich merke, dass die Inhalte der Texte einen Sinn ergeben und zusammen mit dem Klangerlebnis meinen begrenzten menschlichen Horizont übersteigen.

Vor meinem ersten theologischen Examen verspürte ich den inneren Wunsch, als Songwriter den Pilgerpsalmen eine neue Melodie zu verleihen. Psalmen waren schon immer Musik in meinen Ohren, und sie werden es wohl immer bleiben. Die Psalmen aus der Bibel sind ein zeitloses Geschenk. Sie lassen sich in der Verbindung mit Tönen und Klängen, in klassischen wie modernen Arrangements, noch einmal auf eine ganz neue Art und Weise erschließen.

Die Grundideen zu den Songs des Projektes „Wege zum Heiligen" entspringen einer Zeit, die für mich sehr aufregend war. In meiner Examenszeit kam ich gesundheitlich und auch meine Lernkapazität betreffend an meine Grenzen. Wie sollte ich mir jemals die unbegrenzte Fülle dieses Stoffes merken? In der Musik fand ich immer wieder einen Ausgleich, der mich beruhigte. So verbanden sich die Wallfahrtspsalmen in meinem Kopf mit Harmonien, Akkorden und Melodien. Psalm 121 entstand als erste Neuvertonung. Ich nahm ihn mit meiner Gitarre auf einem Minidisc-Recorder auf, an den ich ein Gesangsmikrofon steckte. So entwickelten sich die Ursprünge des Projekts „Wege zum Heiligen". Die Idee existierte also zuerst in musikalischer Form. Die Autor(inn)en haben die Lieder nicht vorher zu hören bekommen, weil sie sich zeitgleich zur Entstehung des Buches bei der CD-Produktion erst von

Demo-Versionen zu vollständig arrangierten Liedstrukturen entwickeln konnten.

Neben dem trockenen Lernstoff war es eine äußerst willkommene Abwechslung, Psalm für Psalm meines alttestamentlichen Schwerpunktgebietes „die Pilgerpsalmen" singbar zu machen. Die musikalische Kreativität half mir, sie besser kennenzulernen und im Kopf zu behalten.

Nachdem „Wege zum Heiligen" dann zuerst einmal geschätzte zehn Jahre in der Schublade schlummerte, entwickelte sich besonders in den vergangenen zwei Jahren die Idee des mehrgliedrigen Projektes. Dieses Buch ergänzt die 15 neuen Songs auf CD, in denen ich die Pilgerpsalmen in die Sprache populärer Musik umgesetzt habe.

Musik bringt Menschen in Bewegung. Lieder und Melodien sind ganz besondere Lebensbegleiter. Sie öffnen in mir die Vorstellungskraft des Unvorstellbaren. Sie können den Alltag beleben, zaubern ein Lächeln ins Gesicht. Oder ihre Texte trösten uns. Unsere Lippen öffnen sich, und wir singen uns vom Herzen, was uns tief im Innersten bewegt. Liebe, Schmerz, die großen Fragen des Lebens ...

Die Lieder des Musik-Projektes „Wege zum Heiligen" bewegen sich zwischen Soul, Pop, World-Music, Rock und Funk. Damit geben sie auf eine neue Weise die Möglichkeit zu Lob und Dank, Klage und Bitte. Lieder können auf der Reise des Lebens ein Ventil sein, durch das wir Luft ablassen. Fröhlichkeit und Unglücklichsein begegnen uns immer wieder auf unseren Wegen. Wenn wir Lieder singen, färbt die Freude auf andere ab (Psalm 122). Oder tief empfundenes Leid wird mit Melodien und Versen hinausgetragen. Wie ein Befreiungsschlag, weil Gott uns hört, wie wir „aus der Tiefe" zu ihm rufen und er uns mit „heiligen“ Erfahrungen einen Weg aus dunklen, schwarzen Löchern weist (Psalm 130).

Meine komponierten Lieder spiegeln für mich – analog zu den Themen der Psalmen in diesem Buch – verschiedene Erfahrungen und Etappen wider, die wir auf der Reise des Lebens machen können. So wird der Hilferuf eines Menschen, der weit entfernt von seiner Heimat auf der arabischen Halbinsel unter Beduinen-Stämmen „Kedar“ (Not) erleidet (Psalm 120), von atmosphärischen, cool-distanzierten Funk- und Soul-Klängen untermalt. Das berühmte „Ich schaue auf zu den Bergen, woher kommt mir Hilfe?“ (Psalm 121,1) lässt mit spannungsgeladenen Pop-Klängen bei mir das Bild von einer Trecking-Tour entstehen, an der man plötzlich vor steilen Berghängen steht und nicht mehr weiß, wie es weitergehen soll, bis ein Blick zum Himmel über den Bergen das Bewusstsein erweitert. „Meine Hilfe kommt vom HERRN, der Himmel und Erde gemacht hat“ singt in meiner Vorstellung ein himmlischer Chor dem vorher ratlosen Wanderer als Antwort auf seine Frage zu.

So werden meine „Wege zum Heiligen“ wohl immer gepflastert und geebnet sein von dem unglaublich großen Geschenk der Musik. Die Stufen zu seinem Heiligtum wimmeln nur so von Noten und Tönen, die seine Gegenwart bejubeln (Psalm 126) oder die in Ehrfurcht vor Gottes unbeschreiblicher Größe eher behutsamere Töne anschlagen (Psalm 123). In der Musik wird mir immer wieder bewusst, wie untrennbar nahe Gott selbst auf den Wegen des alltäglichen Lebens mitgeht. Wie ein Komponist, der die Bilder und Szenen eines Films ganz genau sichtet, um sie mit seinen Liedern und musikalischen Hintergründen noch besser zur Geltung zu bringen.

Auf ähnliche Weise bereichert Gott das Leben mit der Gabe der Musik. Er umfasst es mit dem Soundtrack seiner Liebe, der uns auf allen unseren Wegen ein ständiger Begleiter sein kann, bis wir einst zum Ziel unsrer Pilgerreise kommen und heilige Lebenserfahrungen eine ewige Verbindung mit dem HEILIGEN eingehen.

Trackliste

120	In my distress
121	Help
122	Let us go!
123	Mercy
124	On our side
125	Trust
126	Great things
127	Unless the Lord
128	Fruitful
129	Righteous
130	Out of the depth
131	Hope
132	The ascent
133	Live together
134	Praise!

Informationen zum christlichen Popularmusikverband

Die Herausgeber dieses Buches und der größte Teil der Autor(inn)en haben auf ihr Honorar verzichtet und ihre Texte geschrieben, um christliche Band-Musik zu fördern. Damit kommt der Erlös dieses Buches dem christlichen Popularmusikverband zugute, der im Folgenden beschrieben wird:

Seit der Gründung des „Verbands für christliche Popularmusik in Bayern e.V." im Januar 2001 entstand ein annähernd flächendeckendes Musiknetzwerk, das zehn Jahre nach der Gründung mit über vierhundert natürlichen und juristischen Mitgliedern ca. 1300 popularmusikalisch Aktive in ganz Bayern vertritt.

Zentrales Ziel des Popularmusikverbandes ist es, den Einsatz christlicher Popularmusik in Gottesdienst, Jugend- und Gemeindearbeit in der ELKB zu unterstützen und zu begleiten, Musiker und Veranstalter beim Einsatz von moderner christlicher Musik zu schulen und zu beraten sowie vorhandene popularmusikalische Aktivitäten zu vernetzen und zu fördern. Ein besonderer Fokus liegt in der Qualifizierung vorhandener Bands, der Ausbildung von Solisten und musikalischem Leitungspersonal und der qualifizierten Begleitung von Bandgründungsprojekten. Beraten werden Musiker, Gemeinden, Gremien, Gruppen und Dienststellen der ELKB vor allem in Bezug auf urheberrechtliche oder technische Fragen im Zusammenhang mit zunehmenden (Gemeinde-)veranstaltungen im popularmusikalischen Bereich.

Die Ausbildungsgänge für die D-Prüfung in den Fächern Gitarre solo und Bandleitung hat der Verband entwickelt und führt sie bayernweit durch. Darüber hinaus bietet er eine breite Palette unterschiedlicher Fortbildungsangebote an. Dazu gehört das bereits seit den 1980er-Jahren stattfindende „Seminar für christliche Rock- und Popmusik“ und das für ganze Bands konzipierte Seminar „pimp your band“.

In Kooperation mit dem Strube-Verlag gibt er das Musikmagazin „musik & message“ heraus, das viermal im Jahr erscheint. Jedes Heft bietet dem Leser einen Thementeil aus dem Bereich Popularmusik. Zudem Rezensionen popmusikrelevanter Bücher, Tonträger und anderer Materialien, eine Sparte „Popkunde“, Neuigkeiten aus kirchen- und säkularem Musikbusiness, theologische Fachartikel, u.a.m. Auf seiner Webseite stellt der Verband ein breites Informationsangebot bereit. U.a. eine eigene Band- und Künstlerdatenbank, die durch eine Kombination mit google maps eine landkartenbasierte Suche ermöglicht.

Modellhaft werden Veranstaltungen mit christlicher Popularmusik durchgeführt. Eine enge Kooperation besteht in diesem Zusammenhang mit LUX - Jugendkirche Nürnberg, in dessen Konzept Popularmusik und Bandarbeit eine zentrale Bedeutung hat. Die Arbeit des Popularmusikverbandes geschieht in enger Kooperation mit der „traditionellen“ Kirchenmusik der Landeskirche und den anderen kirchenmusikalischen Verbänden im gemeinsamen Haus der Verbände in Nürnberg. In diesen Räumen befindet sich auch die 2004 gegründete music life GmbH des Verbandes, die Mitglieder und Kirche mit Musikalien aller Art versorgt. Zwei ReferentInnen und ein/e ServicemitarbeiterIn sind für den Verband je zu

50 % hauptamtlich tätig. Bestimmte Arbeitsfelder des Verbandes werden zum großen Teil durch ehren- oder nebenamtlich Aktive des Verbandes betreut. So wird das Musikmagazin „musik & message“ durch ein fast komplett ehrenamtliches Redaktionsteam erarbeitet. Die Bereiche „Technik“ und „Gospel“ werden durch eigene Beauftragte betreut. Die regionalen Aktivitäten des Verbandes werden durch sog. RAPs (RegionaleAnsprechPartner) durchgeführt.

Der Popularmusikverband ist Mitglied des BKA (Bundesverband Kulturarbeit in der evangelischen Jugend e.V.) und des Deutschen Rock- und Popmusikerverbandes e.V. Außerdem ist er Mitglied des BMR (Bayerischer Musikrat). Aufgrund seiner Geschichte hat er engen Kontakt zum Amt für Jugendarbeit (AfJ) sowie der Evangelischen Jugend in Bayern (ejb). Mit dem Popkantorat im Dekanat Augsburg ist man durch die inhaltliche Zielsetzung und durch gemeinsame Angebote verbunden. Der Popularmusikverband macht sich stark für eine Vernetzung bundesweiter Aktivitäten und hat zu diesem Zweck Kontakte zu popmusikalisch Aktiven anderer Landeskirchen. Darüber hinaus engagiert er sich in der Ausbildungskonferenz Pop der EKD, die sich einmal im Jahr zu einem Erfahrungsaustausch trifft.

Verband für christliche Popularmusik in Bayern e.V.
Weiltingerstr. 17
90449 Nürnberg
Fon 0911 – 2523961
Fax 0911 – 2523962
servicezentrum@popularmusikverband.de
www.popularmusikverband.de

Der Verband für christliche Popularmusik in Bayern e.V. ist die Nachfolgeorganisation der Arbeitsgemeinschaft Musik in der Evangelischen Jugend in Bayern (AGMB), einer Initiative, die sich Anfang der 80er-Jahre des letzten Jahrhunderts zusammenschloss, um Austausch und Weiterentwicklung in der christlichen Popularmusikszene der Evang.-Luth. Landeskirche in Bayern (ELKB) zu fördern.

Anmerkungen
(Endnoten)

1 Klaus Seybold: Die Wallfahrtspsalmen. Studien zur Entstehungsgeschichte, Neukirchener Verlag 1978.

2 Erich Zenger: Mit meinem Gott überspringe ich Mauern. Einführung in das Psalmenbuch, Herder 1987, S. 23.

3 Erich Zenger: Mit meinem Gott überspringe ich Mauern. Einführung in das Psalmenbuch, Herder 1987, Seite 152 f.

4 in: Die Zeit (Nr. 52) vom 23.12.10, S. 50. Hans Joas: Die Sakralität der Person: Eine neue Genealogie der Menschenrechte, Berlin 2011, S. 18.

5 Erich Zenger: Psalmen. Auslegungen 2. Ich will die Morgenröte wecken, Herder 2006, S. 126.

6 In Ergänzung zu dem Buch erscheinen auf einer CD Neukompositionen zu den 15 Psalmen für Band, Chor und Bläsersektion. Dazu mehr im Kapitel „Nachklang“ dieses Buches.

7 Rabbi Samson Raphael Hirsch: Psalmen, Morascha 1995 (Reprint).

8 Anmerkung der Herausgeber: „Haschem“ („Der Name“) bezeichnet den Namen Gottes, der im Judentum nicht ausgesprochen wird.

9 Rabbi Samson Raphael Hirsch: Psalmen, Morascha 1995 (Reprint), S. 655.

10 Psalm 27. Siddur Schma Kolenu, Morascha 1997 (2. Auflage), S. 373.

11 Dietrich Bonhoeffer: Widerstand und Ergebung. Neuausgabe, Chr. Kaiser Verlag (2. Auflage) 1977, S. 381 f. (Beilage zum Brief an Eberhard Bethge vom 8.7.1944).

12 Viktor E. Frankl: Logotherapie und Existenzanalyse, Piper 1987, S. 164.

13 aus: Andi Weiss: Strandgut – 50 ungewöhnliche Fundstücke, Begegnungen und Erlebnisse, Gerth Medien 2009. Abdruck mit freundlicher Genehmigung von Gerth Medien.

14 Dietrich Bonhoeffer: Widerstand und Ergebung, Briefe und Aufzeichnungen aus der Haft, Hrsg. Eberhard Bethge, Gütersloher Verlagshaus, Neuausgabe 1970, S. 401 ff.

15 Auf der CD „ungewohnt leise", Andi Weiss, Gerth Medien.

16 Martin Luther: Die Psalmenauslegung Bd. III, Hrsg. E. Mühlhaupt, Göttingen, Vandenhoeck & Ruprecht 1965, S. 461.

17 in: Amy und Judge Reinhold: „Komm in die Stille", Gerth Medien 2009.

18 Jürgen Moltmann: Politische Theologie – Politische Ethik, Kaiser/Mainz 1984, S. 162.

19 Hape Kerkeling: Ich bin dann mal weg. Piper 2009.

20 „Dem eigenen Leben auf der Spur“, S. Fischer 2008 (3. Auflage) und „Weglaufen ist nicht“, Adeo 2010.

21 „Misericordia“ steht als ursprünglicher Begriff hinter „Armherzige“. Er enthält die beiden Begriffe „Armut“ und „Herz“, was ja auch zusammengehört. Bi-Armherzigkeit bzw. Barmherzigkeit meint die zwischenmenschliche Beziehung.

22 vgl. Ps. 132, 13 f.

23 Corinna Körting: Zion in den Psalmen (FAT 48), Mohr Siebeck 2006, S. 145.

24 vgl. Dtn. 16,13-14.

25 „Vorhof der Frauen“ genannt.

26 Mischna Sukka 51a–53a.

27 Nach Ps. 132 f. Im Talmud finden sich Hinweise, dass die 15 Pilgerpsalmen auf den 15 Stufen im Tempelvorhof gesungen wurden, eben genau am Vorabend des Rituals des Wasserschöpfens.

28 Siehe Sukka 51a.

29 Vgl. Jesaja 12,3.

30 vgl. Sach. 14,16.

31 Loren D. Crow:
The Songs of Ascents (Psalms 120–134), Their Place in Israelite History and Religion, Atlanta 1996, S. 7.

32 ebd.

33 Said: Psalmen, Beck. 2010, dritte Auflage, S. 46.

34 Pirmin Hugger: Die Kunst des Psalmbetens, Vier-Türme-Verlag, Münsterschwarzach 2006, S. 7

35 Hape Kerkeling: Ich bin dann mal weg, Piper 2009; Paul Coelho, Maralde Meyer-Minnemann, Auf dem Jakobsweg. Tagebuch einer Pilgerreise nach Santiago de Compostela, Diogenes 1999.

36 Evangelisches Gesangbuch, Ausgabe für die Evanglisch-Lutherischen Kirchen in Bayern und Thüringen, S. 1260 f.

37 Ilka Piepgras: Meine Freundin, die Nonne, Knaur 2011, S. 9.

38 Johann Albrecht Bengel: Gnomon Novi Testamenti, 1742, deutsch: Gnomon: Auslegung des Neuen Testaments in fortlaufenden Anmerkungen, übersetzt von C. F. Werner, 1932. Zu Psalm 134,2 f.